我站在这里，望向你的世界。
我是如此期待着，可以用我一生的爱，
路过你的全世界。

我坐在阶梯上看风景，你在身后看我。
你给了我晴空万里，我给了你盛放的
温暖背影。

那一天的黄昏，芦苇在风中摇荡，风在耳边轻抚。
我们骑着单车，我回头，你伸手。一帘月，
几朵云，爱与被爱之间，已是千山万水。

你呼唤，我回头，眼神交错，相看好处却无言。
爱是缠绵绕骨，爱是岁月深情，
全世界都已淡化成背景。

我们肩并肩站在一起，共同抵挡人生的风雨尘嚣。走累了，看看脚下的鞋子，原来，爱你，是最适合我的远方，所以，我不累。

世间，纵有千扇窗，我依然能一眼看到你；世间，纵有万种爱，我依然只爱着你的爱。
爱是沧海遗珠，只一眼，我便找到你。

我握着你的手，爱的温度在掌心蔓延。
我遇见了你，在我最美丽的时刻。
从此，这一生，有你的地方，
就是春天。

爱情的时钟在沙里凝固。
爱你一生，一生还是太短。
原来，我们最想留住的，
还是爱情的时光。

分手后的第三天，雨一直下。我坐在窗前，独自咀嚼离别的苦涩滋味。

爱情如风，爱情如霜，有些来日，并不方长。

你用一个人的背影，看过世间纷繁。
无爱的世界，不是冰冷。因为需要爱，
而刻意爱，才是更深的冰冷。

如果可以，我愿意站成你喜欢的
某个物件，等在你必经的路口。
以不变的姿态，停泊在那里，
为你倾尽一生温柔。

爱从彼此吸引，到彼此对峙，我们走得如此艰难。

那天，我撑着伞站在路口，望着对面的你，那么遥不可及，又那么清晰可触。

爱是一块冰与一汪水的故事。陌上人间，
遇见你时，我是一块孤寒的冰，看尽独自的地老天荒。
你用似水柔情，融化了我的坚硬。
那清冽的交融，我们的爱，刚刚好。

就算黄叶无风自落，我也只愿为你飘落成爱的形状。
任红尘云烟，任时光磨洗，我依然是你的红袖添香，
你依然是我的谦谦郎君。
岁月未央，现世安稳，爱与被爱，两不相离。

陌上晓风，窗外天涯，
静默的暗恋时光里，
我是一朵守望成寂寥的花。
谁念西风独自凉，
那是不被爱的形单影只，
在萧瑟与冷寂中对望时，
摇摇晃晃地叹息。

我曾经环游世界，只为遇到爱。
世界那么大，还好我找到了你。
如今，和你坐在黄昏日暮的长椅上，
在你身边安静环游，
我的世界很小很小，
却很甜很甜。

愿你流年温暖
爱情无恙

赵丽荣——著

中国出版集团 现代出版社

图书在版编目（CIP）数据

愿你流年温暖，爱情无恙 / 赵丽荣著 . 一北京：现代出版社，2019.3
ISBN 978-7-5143-7541-1
Ⅰ . ①愿… Ⅱ . ①赵… Ⅲ . ①爱情－通俗读物
Ⅳ . ① C913.1-49
中国版本图书馆 CIP 数据核字 (2018) 第 271181 号

愿你流年温暖，爱情无恙

作　　者：赵丽荣
责任编辑：张　霆　哈　曼
出版发行：现代出版社
通信地址：北京市安定门外安华里 504 号
邮政编码：100011
电　　话：010—64262325　010—64245264（传真）
网　　址：www.1980xd.com
电子邮箱：xiandai@vip.sina.com
印　　刷：三河市宏盛印务有限公司
开　　本：880mm × 1230mm　1/32
印　　张：9
字　　数：199 千字
版　　次：2019 年 3 月第 1 版　2019 年 3 月第 1 次印刷
书　　号：ISBN 978-7-5143-7541-1
定　　价：45.00 元

P R E F A C E

前言

爱情，是一个穿越千年，却依然风姿绰约的女子。任沧海桑田，时光变迁，她依旧在岁月窈窕的彼岸，摇曳着树影婆娑、摇晃着参差荇菜；望着窈窕淑女、盼着青青子衿，诉说着挑兮达兮，在城阙兮，一日不见，如三月兮。

岁岁年年人不同，年年岁岁爱相似。亘古不变的爱情，如照过千秋万代的明月一般，不解情的悲欢离合，世世代代，也把爱意缱绻照亮，却也把离愁别绪，照成执手相看泪眼、照成多情自古伤离别、照成杨柳岸晓风残月……

每一段爱的甘之若饴里，都会掺杂着爱的苦涩伤感。喜忧参半的千回百转里，爱不是《诗经》里的子衿、爱不是不食人间烟火的伊人、爱不是脱离世事纷繁的在水一方……

爱是两个俗人，在一段俗世里的，烟火人生……

于是，爱从若只如初见的神秘轻纱里，露出最真实的两张脸，两个各自倔强的灵魂，在掷地有声的现实中，狭路相逢……

于是，爱的世界里，烽烟四起。两颗心在流年擦过现实的时光里，被日复一日的琐碎，磨出火花。那火花，不是爱最初的火花，是每一天在烟火气的人生里，彼此摩擦着，穿越在爱情时空里的两个砥砺前行的人。

于是，爱情里有了甜，也有了伤；于是，他们便在一往情深里，相爱相杀。

爱情里来来往往的两个人，在故事里分分合合……

却始终走不出，悲喜交织中，那哭了又笑了，却笑了又哭了的爱情；那沾染了斑驳流年，却依然惊艳了氤氲时光的爱情；那心碎到万劫不复、却心醉到亮烈极致的爱情……

所有爱的殇，不是让人对爱望而却步。爱，那么美好，美好得让人心神摇曳、让人上天入地，不去体验，岂不辜负了这爱意翩跹里的锦瑟良辰？

只是，在后来，还没有成为遗憾的时候；只是，为了不让后来的我们什么都有了，却没有了我们的时候；只是，在真爱消失在人海前、在真爱错过就不再前……

我们要尽力学会，如何去爱；如何用对的方式，爱对的人；如何让彼此，不再受伤害……

认出了爱情的模样，就会与爱情握手言和。

终于，爱情的陌上时光，成了两个人浅吟低唱间的。

愿得一人心，白首不相离……

赵丽荣

2018 年 6 月 16 日

C O N T E N T S

目录

CHAPTER 1

不懂爱的沧海桑田里，我们错爱成伤

CHAPTER 2

低到尘埃里的爱，终将凋零尘埃

CHAPTER 3

最初奋不顾身到心力交瘁，最后万念俱灰到绝望心碎

CHAPTER 4

我在我的风景里，装饰了我们春暖花开的爱情

CHAPTER 5

凋残的伤情后，看清何处是不曾离去的真心

CHAPTER 6

当爱长久缺席，在自己的明媚如初里地老天荒

CHAPTER 7

暧昧是幻灭的温存，爱与不爱本该这般彻底纯粹

CHAPTER 8

没有痛不欲生的磨合，怎么会有心有灵犀的陪伴

CHAPTER 9

黯淡时的不离不弃，才配得上繁华时的深情相依

CHAPTER 1

不懂爱的沧海桑田里，我们错爱成伤

那些年，他们年少轻狂；那些年，他们不懂爱；而那些年，情窦初开，在爱的季节，他们闻到了爱的味道，于是他们还是在不懂爱的时候，开始爱了……

以为只要有爱就是一切，以为只要有爱就是爱情，可最后，爱却让他们遍体鳞伤。到底，是爱错了，还是他们错了？

心动，
发生的那一刻很容易，
而心动后每一天的陪伴，
才是最长情的告白。
否则，
那不过是如烟花般稍纵即逝的爱情错觉，
终将错爱成伤……

那一刹的怦然心动，如烟花般的爱情错觉

年少时，爱情是从青石巷中走出的丁香女子，她有丁香一样的颜色、她有丁香一样的芬芳，那个男子看到她时，以为那一刻的怦然心动，便是爱情。

年少时，爱情是青青子衿悠悠我心，那个男子青青的衣衫，在寤寐难眠的时光里，余香绕梁，仿佛悠悠然飘荡在满怀思念的女子身边。她以为，那年那时见到他，那一转眼的顾盼心动，就是爱情……

于是，世间痴男怨女，在感动自己的心动里，开始了爱情的蚀骨想念。

于是，他们在心动里伤怀、在心动里思念、在心动里哭泣、在心动里追逐、在心动里暧昧、在心动里恋爱、在心动里付出、在

心动里受伤、在心动里分离……

时光如镜，一点点照出现实，只有那初见的心动，而没有现实担当的爱情，最后成了天空中绽放的烟花，不过是刹那间爱的错觉。

否则，怎么会有纳兰容若的：人生若只如初见。人生若只如初见，该有多好，他依然是他的旷世明主，她依然是她的绝代佳人，江山美人两不相侵……

可爱情，终归不只是初见，爱情应该是两个人在现实里日复一日的相见。

她豆蔻年华，青春可爱。情窦初开时，爱情在心里疯长，茂盛得似乎马上要探出墙外。于是，对爱情的极度渴望，注定让她成为一个遇到心动的男生，就会深陷在自己的爱情里无法自拔的女孩儿。

男孩儿出现得恰到好处，正在她爱的春心泛滥之际。

那时，他是大学学生会主席，帅气才气兼备，是学校里的风云人物，喜欢他的女孩儿就像春天里盛开的百花，争奇斗艳地绽放在他的身边。

她觉得不起眼的自己，被簇拥的花朵挤得没有一丝容身之地。

那一次机缘巧合，他和她在一次活动中有了初次相处的机会，看着他俊朗的脸，她的心狂跳不止，她更加坚信自己已经不可救药地爱上了他。

迫于女孩儿的矜持，她装作若无其事。可此后的每一天，她的心里满满的都是他，想念他的笑，那一口如月光宝盒般的白色牙齿；想念他的眼睛，黑白分明如暗夜里熠熠闪烁的星光；想念他的白色衬衫，那飘着淡淡香味的青青子衿……

想念间，那心动的感觉在心里汹涌难耐。

心动、心动、心动，她知道春心泛滥后，就是决了堤的情感洪流，任凭心有余力，也无从拦阻。

她相信这份心动，就是她想要的爱情，就是她未来甜蜜永恒的爱情。

再也无法抑制，她向他表白。很少有男孩子会拒绝一个主动对自己示好的女孩子，所以，男孩儿没有想太多，就答应了她。

她开始了她甜蜜的爱情。没错，刚开始的恋爱总是甜蜜的，她恨不得天天和他黏在一起，一起吃饭、一起上学、一起逛街、一起看书、一起逛公园……她觉得，他们以后会一直这样在一起，一起去面对更长更远的未来……

可是，分歧和矛盾总是会在相处的漫长时光里，渐渐泛出水面。

原本就很受女孩儿欢迎的他，在她们恋爱期间，身边依然不乏乘虚而入的追求者，那些漂亮的女孩儿，如蜂似蝶地在他的身边萦绕。也许是源于被人喜欢的虚荣心，他似乎也对此乐此不疲，总会和其他女孩儿关系暧昧，打情骂俏。

这让她无法接受，没有一个女孩儿愿意看到自己爱的人眼里还有别人。而面对她的气愤和质问，他不但没有悔意，还觉得她小题大做。

一个让她心动的人，却不能给她爱的安全感。

那一次突发急性阑尾炎，疼痛难忍的她给他打电话，一次又一次打过去，均在占线中。最后一次接通，他说他有一个很重要的篮球比赛，如果不去有可能失去晋级全市篮球比赛的机会。挂断电话后，心痛的感觉胜过身体的疼痛，原来，在他心目中，他的比赛比她的安危更重要。

一个让她心动的人，却不能给她爱的温暖。

阑尾炎手术后，他没有来医院看她，听他的室友说他那天一夜未归。在那个未归的夜里，他到底去了哪里，做了什么，她已不再关心。

这样的爱情，已让她心如死灰。

她终于明白，当初那一刻的怦然心动，如果没有了后来日复一日里爱的温暖与相守，最后，也不过是如烟花般的爱情错觉。

什么是心动？

就是你遇见他，和他四目相对时，心跳加速脸红耳热的感觉。

什么是真爱？

真爱就是和他在一起，你不再惧怕人生，也不再担心未来。因为他会在你的身边，与你十指相扣，在那紧紧的相握里、在每一件细微如沙的事情里，让你分明感觉到，他一直都在，从未离开，也永不离开。

也许是他每次无法及时出现在你身边时的一条短信：“我今天有事走不开，你要好好照顾自己！”

也许是你生日那天，你翘首期盼他的出现时，他忽然从背后轻轻拥着你，为你戴上一条你喜欢了很久的项链，并在你面前打开一张卡片，卡片上写着“亲爱的，现在我还没有足够的能力买更好的项链，但是以后一定会有的，我会一直陪伴着你”。

……

在这很多很多的也许里，你终于知道，不是每一次心动，最后都会盛放成爱。

心动，是缥缈的感觉；而爱，却是鲜活的感触。

心动，发生的那一刻很容易，而心动后每一天的陪伴，才是最长情的告白。

否则，那不过是如烟花般稍纵即逝的爱情错觉，终将错爱成伤……

“只求曾经拥有”，
是爱的心里开出的昙花，
是一夜绽放的凄美，
拥有散尽处，
便是心碎凄楚，
因为那是爱情最美丽的谎言。

只求曾经拥有，拥有散尽便是心碎凄楚

爱情的最初时，总是美丽得那么不切实际，好像人世间的情爱，都应属于不食人间烟火的风流雅士、痴情幽女，似乎只有不染风尘，才能配得上内心清雅脱俗的爱情模样。

于是，便有了“只求曾经拥有，不求天长地久”的爱情憧憬；

于是，便有了“两情若是久长时，又岂在朝朝暮暮”的爱情幻想。

许是青涩的爱不怕风吹草动，许是少不经事的爱不怕岁月洪荒，他们爱得眼里只有爱情，他们爱得心里只有今天，所有的情事似乎只是眼下的风花雪月，明天雨疏风骤，还是清风明月，在两颗火热燃烧的心里，都已变得不再重要。

就如世间很多爱情故事一样：他与她四目相对，含情脉脉地问她：如果有一天我离开了，你怎么办？

她说：只要曾经拥有，就足矣。

日后的某一天，他用当初的问题，给了她一个血淋淋的现实：他忽然在她的世界里消失。

她痛不欲生，终于明白：只求曾经拥有的爱，是那么幼稚的伤。她用“曾经拥有的爱”幻想了没有未来，也可以美好今天的爱情；而他却用“曾经拥有的爱”肆意玩弄了知道没有未来，却也可以游戏今天的爱情。

“只求曾经拥有”，原本是少女心里开出的昙花，是一夜绽放的凄美；“只求曾经拥有”也骄纵了少男初试爱情的心，不过是轻轻品咂爱情，游戏人间罢了。

只求曾经拥有，并不美好，拥有散尽处便是心碎凄楚。

于是，苏轼在“但愿人长久”里吟诵着爱情真正的夙愿：爱情本该是执手相看，琴瑟和谐，天长地久，一生相随。

因为，爱情里，不光有执子之手的诗意，还应该有与子偕老的远方。

她喜欢上他的时候，是高一那年。二八芳龄，情窦初开，爱情在心里美丽得如烟如尘，似乎不属于这个人间。

他比她高一级，读高二。第一次看见他，她的心里忽然盛开如花，这个瘦瘦高高的男生，戴着金丝框眼镜，俨然就是徐志摩的翻版。

她觉得她就是他的林徽因，他们必会成为彼此的人间四月天。

她开始追他，一个美丽的女孩儿主动出击，必是胜算在握。面对她的告白，他像根电线杆似的立在瘦小的她面前，满眼无所谓地看着她说："我可以接受你的爱，我们随时都可以开始恋爱，但是在即将到来的高考后，我不知道我们的人生何去何从，所以我无法确定我的爱能保持多久，你要考虑清楚。"

她欣喜若狂，只要能和他在一起，就算一天，也是美好。她点头如捣蒜："嗯嗯，我喜欢你，不求天长地久，只求曾经拥有。"

那时年少，心思单纯的她还不知道，爱情在曾经拥有后的幻灭，有多疼。

很自然地，他们的爱情在那段无欲无求的时光，开始得简单而纯粹。

她希望天天和他黏在一起，每次最难受的就是和他分开。其实，那个时候的她就应该知道，爱怎么可能只在乎曾经拥有，不奢望天长地久？

他家住在县城，每到周末都要回家看望父母。每次，她都会用恋恋不舍的目光送他上车，看着他走远，心里总会满溢离别的酸楚，想到星期天晚上又会相见，心里就忽然变得暖暖的。

她不知道，那时的她其实已经在心里期盼地久天长了，只求曾经拥有，不过是小女孩儿内心对爱情美好的虚构罢了。

很快，他开始了高三的关键时刻。她知道，他们在高中的恋爱时光将不久矣，未来到底会发生什么，又有谁能知道。每想到这些，她的心里都会隐隐作痛，但又不停地安慰自己，不管明天发生什么，毕竟有过这么一段美好的时光，至少也会温暖了未来的前路。

在这个特别又忙碌的一年，现实而理智的他开始了疯狂的备考。他对她说过，他的梦想是北大清华。她隐隐明白，她瘦小的肩膀，扛不起他的海阔天空。

那一段时间，她们在一起的时间很少，她很想去找他，但是每次看到他以学习为名义拒绝她的冷冷目光，她总是望而却步。

傻傻的她，忘记了自己高二之后就是高三，决定命运的时刻也不远了。一心只想着陪在他的身边，每当看到他因为拼命学习忘记吃饭而更加瘦弱的身形，她就心疼不已。

于是，她把自己的学业丢在一边，忙着为他找各种高考冲刺班。那一次，他得知她找到了一个可以短期攻下高考课程的名师之后，他第一次那么激动地将她拥在怀中，深情地对她说，他记得她的好，他会感激她一辈子，爱她一辈子。

那一刻，她觉得自己所有的付出都是值得的，可是她不知道，他的拥抱里只有感激，爱她一辈子的话，也不过是感激后的一时冲动。

高考结束后，他如愿进入自己梦寐已久的学府。送别的那一刻，她潸然泪下，他对她说，爱不在乎天长地久，只要曾经拥有就是美好，我会在校园里等你。

多美丽的爱情谎言。

他在他的人生规划里走得现实而冷静，他在他的大学象牙塔里活得风生水起。

而她整整的一个高三，最关键的高三，都是在对他的思念里度过。

高三后半学期，渐渐地，她发现他的电话越来越少，就算接通电话，他说话也总是心不在焉、平淡如水的。

她察觉到了他的变化，于是没有告诉他，她来到了他的学校。

如她所预感，她看到他和一个女学生一起亲昵地走在校园里。身边的女孩美丽明艳，长发如瀑，一双大眼睛含情脉脉地看着他。

她慌了。

那天在他的宿舍，正是周末，室友都回家了，只有他俩。

她哭着问他为什么就此变心，难道忘了当初她是怎么在他身边，照顾他爱他，如果没有她奔走求师，他的高考怎么可能那么顺利？

他愤然说道：难道你要我感激你一辈子吗？你是要用你曾经的付出来囚禁我吗？

一语如刀，刀刀入心，她伤痛而泣。

不知是出于同情，还是旧情复燃，他忽然怜惜地抱着她安慰她。

在他的怀里，她知道她爱他，她不想成为他的曾经，她不想别的女孩儿拥有他。一个幼稚荒唐的念头忽然在脑海闪过：她要把自己的身体给他，这样就可以永远地拥有他，这样他就不会离开她了……

在空荡无人的宿舍，她把自己的第一次交给了他……

起初，他似乎对她有了别样的依恋，她庆幸自己的选择是对的。

可是，当新鲜感过后，他还是厌倦了……

那一年，她高考失利，他对她正式提出分手，原因是学历悬殊，他找到了更适合自己的女孩儿。他告诉她，不要难过，爱只要曾经拥有就够了……

好一个冠冕堂皇的“曾经拥有”，不过是始乱终弃的幌子。

那一刻，她觉得自己的人生万念俱灰。那些年，在自己憧憬出来的不食人间烟火的爱情里，她荒废了学业，付出了身心，最后看到的，却是如泡沫般破碎的爱情……

曾经在心里那么美好的“只求曾经拥有，不求天长地久”，原来，拥有散尽后，是这般的心碎欲裂。

只求曾经拥有，是爱情最美丽的谎言。

喜欢，
是刹那间情爱的冲动，
短暂得可以不为谁驻足，
不为谁留下一点痕迹……爱，
却在誓言和承诺里，
成了陪伴一生的最长情的告白，
任物换星移，
风云转变，
紧紧握住的仍是他的手。

信手拈花的喜欢，终非信守一生的爱

他们说着喜欢，以为那就是爱情。

那时，他们遇见，并不知道彼此的性情，也不了解彼此的爱好，甚至不知道彼此的姓名，只是那一次四目相对，他们在彼此的眼里看到了，那些幻想了无数次的爱情遇见时的冲动。

荷尔蒙混合着多巴胺，热血沸腾到脸红心跳，他们闻到了爱情如花蕾初绽时，飘散而出的香气。

于是，说着喜欢，以为只要喜欢就够了；于是，执手相看，以为这一刻疯狂燃烧的情感，足可以温暖一生一世；于是相拥而醉，以为这一次揽你入怀，我将再也不会放手……

时间是最好的见证者，岁月是最好的试金石。后来，喜欢被岁月浸泡得失去了最初的光华，执手相看时，他不再是她温暖的烛火，他成了她心头的负累；相拥入怀时，她亦不再是他灼热的光芒，她成了他眼中的阴霾……

喜欢着喜欢着，忽然现实横亘，责任来了，担当的肩膀太过沉重，便有了逃避的和闪躲的眼神。

原来，一时的喜欢，需要一世的付出去兑现……

原来，一时的喜欢，终将不是一世的爱。

喜欢，就像是斜阳落山前缥缈的云彩，挥手作别不过转瞬之间；而爱，却是刻入身体的文身，纵使岁月侵蚀，亦可地老天荒。

那一年，他踏入大学，校园的风吹着恋爱的气息。

这是爱情盛开的季节，三三两两，成双成对，好不羡慕。他的心里有几许失落，也有几许期待。

不是他不想恋爱，是家境的贫寒，让他不敢奢望爱情。那时的青春，总是笼罩着淡淡的忧伤，他的心也总是寂寥而孤傲的。

直到那一天，他遇到了她，那个生命中第一个让他心动的女孩。

那一天，他依然习惯性地坐在图书馆，静静地看着《复活》。

她悄然而至，坐到他身边，他沉浸在书中的故事，全然不知。

“你好，同学。”声音很甜美，像那山涧的清泉。

他抬头，她微笑如光。

“我可以认识你吗？”她眼神清澈地直视着他，没有一点羞涩。

他心波荡漾，却装作镇定地点了点头。

习惯了孤傲沉默的他，面对让自己心动的女孩儿，难免羞涩矜持。

“其实我注意你很久了。”

她的这句话让他措手不及，只得愣在那里，怀疑地看着她。他知道这个女孩儿，是他喜欢的类型：梨花般的鹅蛋脸，微翘的嘴唇，鲜艳欲滴，双眉入鬓，形如远山，纤细的身姿，远远看去如弱柳扶风。她灵秀的眼眸中透出一股任性，自信的神情中含着一股霸气，生命在她身上是鲜活而灵动的，不像他那般死气沉沉。

刹那间，他喜欢上了她，他确定那种感觉已经在心底蔓延开来。

她莞尔一笑，对他说：“每次来图书馆，我都会看见你，你独坐在安静的一隅，读着你的书，好像这个世界的纷扰都与你无关。在我眼里，你是那么的与众不同。”

“因为我没有女朋友，所以只能做一枚安静的美男子。”他微笑着调侃道。

她咯咯地笑了，笑得那样自然，“你玉树临风，貌比潘安，怎么会没女朋友呢？”

他僵持了多年的脸，第一次在她面前初绽笑容，许久来萦绕在心头的冷寂突然间烟消云散。情感的悸动，曾经陌生而期盼的感觉，真到这一刻，仿佛枯竭的枝丫遇上春雨，流入灵魂深处，开出耀眼的花朵。

那一天，他们聊得很开心，天南海北，高谈阔论，似乎有些相见恨晚。送她回宿舍的那一刻，他们依依不舍。她在夜色里仰起头，说她喜欢他，他欣喜若狂，他知道自己也喜欢她。

回去的路忽然变得鸟语花香，他的脚步也变得轻快，悄声哼起歌儿，笑从心出。

午后树荫下的草坪上，他们彼此相拥。她说她喜欢他羞涩的笑脸，古板而认真的表情，她说这样的他，能给她想要的安全感，是个理想的伴侣。他问她愿不愿意和他永结同心，她没有立即回答，只是淡淡一笑，阳光打在她脸上，迷人的脸庞，美丽而遥远。

他不知道这种喜欢，会维持多久。他不知道贫寒的家境，会不会成为他们未来的阻隔。

他只知道，恋爱的日子，每一天都是快乐。校园的食堂，校外的餐厅，留下了他们恋爱的身影。一起大碗喝啤酒，醉得东倒西歪；一起骑着单车，在春天的晚风里徜徉，她的秀发拂过他的脸，他幸福无比。

他那么地喜欢她，喜欢她的笑，喜欢她的天真，喜欢她身上所有的一切。

他变得不再孤傲，从沉默到健谈，从冷漠到开朗。他坚信，她的存在，让他明白喜欢就是爱，就是心头那一阵阵袭来的浓情蜜意。

他们有共同的爱好，对生活也有同样的感受与理解。

他深信她就是他的知音，他是司马相如，而她就是卓文君，她必不会在意他的家徒四壁、一贫如洗，必会义无反顾地与他当垆卖酒，琴瑟和鸣。

直到有一天，那辆宝马车的出现。

大四，校园分手季。不安的未来，不知何去何从的心。他开始在她的眼里捕捉到飘浮不定的目光，她知道他的家庭情况，也不止一次问过他对未来的打算，他说他毕业后打算回到故乡，父母年迈，他要撑起整个家。

她听后哑然，表情黯淡。他心里猛地被抽动，隐隐不安，但是他知道她喜欢他，不会轻易离开。

那段时间，她总是以忙为借口，推掉他们的约会。

一个星期没有她的消息，他疯狂地找她。校园门口，他看到她从一辆黑色的宝马车上下来，身后跟着一个比她大十几岁的男人，男人抱着她，她热情地回应，脸上洋溢着满足的微笑……

他和他第一次有了激烈的争吵。男儿有泪不轻弹，悲痛欲绝的他还是在她面前流下了泪。

他疯狂地晃着她的肩膀问她，为什么要这样对他，她不是说喜欢他吗？喜欢一个人怎么可以如此轻易地背叛？

她推开他，果断而决绝。

她说，她喜欢过他，但那不是爱，喜欢可以轻松到只要快乐就可以，但是短暂的快乐过后，她没有勇气和他一起走过贫瘠的人生，她的肩膀担不起未来艰难的岁月。她需要的，是一个可以为她撑起安逸人生的人，他给不了的，别人能给，所以她要离开，寻找可以给她安逸人生的爱情。

他以为那种荡漾着快乐的喜欢，就是爱。而她那张陌生的冷若冰霜的脸，分明写着：

喜欢不是爱，喜欢是作别西天缥缈的云彩，想要离开时，挥一挥手便可不带走一片想念。

曾经说着喜欢，离别时却那么决绝。

喜欢，便是那条小溪，轻快地流淌而过，那是刹那间情爱的冲动，短暂得可以不为谁驻足，不为谁留下一点痕迹……

爱，却在誓言和承诺里，成了陪伴一生的最长情的告白。

山无陵，天地合，乃敢与君绝。那是与他河边相拥，在淡淡的月光中缠绵一世的柔情，然后一起慢慢老去……

任物换星移，风云转变，紧紧握住的仍是他的手。

一见钟情，
是一时，
日日不厌倦的锦瑟陪伴，
才是一世……
一时和一世，
终将在现实的潮起潮落中，
涤荡澄清……

一见钟情一时，抵不过锦瑟陪伴一世

那一年，她面若桃花，他回眸一顾……

那一年，他英姿俊朗，她秋波盈盈……

他们都在最好的年华，猝不及防间遇到了彼此，四目相对，便可以一见钟情。

一见钟情始于清代诗人李渔的《比目鱼·发端》，里面写道："刘旦生来饶艳质，谭生一见钟情极。"

她与他钟情的，是他们初见时，那让彼此都中意的容貌和感觉。

仿佛她就是他无数次在脑海中勾勒而生的形象，这一天，曾经虚幻的形象忽然跃然于眼前，就那么的与梦里的她身形相契，那是在水一方的伊人，冲破重重雾霭，跋山涉水来到他的身边。

魂牵梦萦的她，忽然从天而降，那一瞬间，怎能不钟情？

就像贾宝玉在见到林黛玉时说，这个林妹妹，我见过。

这个妹妹，是无数次出现在他梦里的，情人的样子，于是见到时，便有了似曾相识的感觉。

想必那是一种热烈澎湃的情感萌芽，如火山喷发般势不可当。那种心荡神怡，心猿意马，浑然忘我的感觉，是久久蕴藏在心间的情感的迸发。

然而，火山迸发后，总有刺鼻呛人的滚滚浓烟留下；

汹涌澎湃的热浪后，总有平静的浪潮留下……

每一次热烈的一见后，还有二见、三见、四见……

爱情，是否还能如初见？

爱情，是否经得起世事变迁？

爱情，是否经得起沧海桑田？

爱情，是否经得起生活的艰难和平淡？

爱情，能否在一见钟情后，锦瑟年华一生相随？

那年，她和他在大学校园相遇。她长得像极了他的偶像宋慧乔，他长得像极了她的偶像裴勇俊，于是，他和她一见钟情，就像韩剧中的剧情一样。

尘缘于此，那种爱的感觉，排山倒海，如潮水般涌来，那么的猝不及防，仿佛天地人间，只剩下了眼里的他。

最初的爱，看得到开头，看不到结尾，所以“一见”的那些最初里，他们爱得炽热。

他们都是撑不起奢侈的烛光晚餐和玫瑰花的年龄，但爱的日子却总有惊喜。每一次她过生日，心细如发的他，都会为她亲手制作一些别致的小礼物。

捧着他的礼物，她感动得泪眼迷离，如水双眸更显楚楚动人。她深情地望着他，对他说，我每一年的生日，都会有你。

那个时候，他们的情感，是，微雨润如酥。

他们一起出去吃饭时，他总是给自己点一份青菜，他笑称他是她的“青青子衿”。

那都是一些价格不高的菜，简单点缀的绿色，看上去像他们一见钟情的爱情，简单纯粹，丝毫不掺杂世俗的混浊。

他说那是他最喜欢的味道，清爽干净。可只有他自己心里知道，他要用省下来的那一份余力，把最好的留给她。

他给她要的菜都是她爱吃的红烧肉，酱红的色泽，看上去垂涎欲滴。

两个盘子放在一起，青菜是他的，红烧肉是她的。

他说自己不喜欢吃肉。

他笑着把红烧肉塞到她的嘴里，对她说，快吃吧，小傻瓜，我要把你喂得胖胖的。

那一刻，她很幸福，以为这样的爱，必将锦瑟一世。

她一直不喜欢吃青菜，总觉得食之无味……

而他们的爱情，突然有一天也走到了食之无味的尽头……

毕业之际，心高气傲的她决定留在城里的外企工作，而他却想要回到家乡创业。他们之间开始频繁地争吵。最后她抛下一句分手，决绝而绝情。她并不知道，清苦的家，他是全部支撑，他不在身边，年迈多病的父母，就没有了天。

爱情就是这样，在琐碎的生活里，诗意不见了，浪漫不见了，纯粹不见了，一见钟情时的简单不见了。

就连最初的青菜，经过岁月的磨洗，也褪去了翠绿。于是，爱情只剩下索然无味……

他的囊中羞涩撑不起她的未来，于是，她有了新的归宿，一个他可望而不可即的富二代，带她吃的不是青菜，也不是红烧肉，而是欧式烛光晚餐。

分手那天，细雨霏霏，他们又去了常去的那个小饭店。他吃光了一直以来常点的那盘青菜，长叹一句：风花雪月敌不过柴米油盐，一见钟情一时，抵不过锦瑟陪伴一世啊。

多年以后，他们各自都结婚了。起初，他做了县城的局长，后来工作出众，调到一线城市成了某知名企业的高管。自他上任后，他便成了那个被众人仰慕的风云人物。他不再爱吃青菜，不再相信一见钟情。

现在陪伴在他身边的，是那个愿意陪他走过风雨，任人生岁月变迁，依然不改初衷的妻子。

她却离了婚。豪门一入深似海，丈夫要丁克，要找情人，她无法接受，只能黯然退场。

她常常一个人去吃饭，每当看到他以前常点的青菜时，那些年的时光，总会在脑海反复重现。

在历经了沧海桑田之后，她终于明白，当年没有守住一见钟情的纯粹，如今爱便在世故中成了不归路……

宝玉在一次与黛玉相处时，有了争吵。看着让他欢喜让他忧的林妹妹，宝玉望天长叹：早知今日何必当初！

早知今日幽怨愁怀，当初何必一见钟情。

爱情，终要在现实中日日相见，日日面对，日日考验，日日磨合……在磨砺中几经波澜，最后还能剩下两颗相守如初见的心，才是最长情的陪伴。

一见钟情，是一时；日日不厌倦的锦瑟陪伴，才是一世……

一时和一世，终将在现实的潮起潮落中，涤荡澄清……

自己咀嚼心痛的萧条暗恋里，
全是她给的伤悲，
而她的时光里，
却没有他。
他终生的等候，
换不来她刹那的凝眸。
暗恋，
是一场孤独的旅程，
盛满不被爱的形单影只。

暗恋里，盛满不被爱的形单影只

暗恋，是一幅形单影只的画面：

暗恋时，等你爱我，那是青春最固执的等待。

我就站在这里，风里，我站在这里；雨里，我站在这里，我不怕你不来，我不怕你不出现，就这样我等你爱我。

可最后，我还是没有等到你。

我依然孤独地站在这里，在不被爱的寂寥里，看着我爱的你，在远离我的世界里，渐行渐远……

暗恋里，是那盛满不被爱的形单影只，任无处摆放的情爱，独自飘零。

高中那年，他偷偷地喜欢上一个女孩子，他不知道那是不是暗恋，总之他一个人爱得惊心动魄。

她是比他低一届的女生，娇小玲珑，乌黑的长发随意披在肩上，如水双眸清澈见底，总是巧笑倩兮美目盼兮。

有时，想念的心痛苦难耐，上课时他借故出去，就是为了经过她的教室，偷偷地看她一眼，如果看到她，他的世界似乎忽然就亮了。

为了经常见到她，他费尽心思和她班里的男生交了朋友，就是为了借故跑到她班里找熟悉的男生，借此机会偷偷地看看她。

那时，他就知道，暗恋是一场孤独的旅程，爱得见，摸不着；想得到，得不到。可是在那份感天动地，甚至连自己都被感动的暗恋里，他觉得顽固不变地喜欢着一个心爱的女孩儿，哪怕只是远远地看着她，那种满足就能让他整个世界都灿烂明媚。

那时的他在学校里，也是才貌出众的风云人物，聪明的他学习成绩一直名列前茅。高大帅气的他只要出现在篮球场，喜欢他的女生就会蜂拥而至，为他助威呐喊。他曾经故意带着一个漂亮的女孩儿，在校园里招摇过市，经过她的身边，就是为了引起她的注意，刺激她有所触动。可是别人都看到了，只有她，无动于衷。

他像一只斗败了的公鸡，垂头丧气。暗恋的爱，却在心头汹涌难耐，好像马上就要翻涌而出似的。

那段时间，他像是着了魔似的，总会跟在她的身后，远远地看着她。

她和他都在同一个城市，每天晚上下了晚自习之后，他总会默默地跟着她，目送她到家，才会安心离去。她在南城，他在北城，每次目送她回家后，他再回到家时已是凌晨时分。

暗恋，是一出独角戏，喜怒哀乐，只有他一个人知道。那一天，宿舍里的同学聊起各自喜欢的女生，一个室友说起了那个一直藏在他心里的她，室友说很多人喜欢她，他心里颤抖了一下，生生地疼着。是啊，她那么娴静温婉的女孩儿，像一朵清新淡雅的雏菊，有人喜欢太正常了。

本来，他已经鼓起勇气打算向她表白，但当他知道她被那么多人喜欢着，他忽然就失去了所有的勇气。

高考后，她考上了南方的一所大学，他留在了北方，从此，天各一方。

空间隔不开爱恋，她依然在他的心里，从未离开。甚至，他常常在想念她的时候，跑到她所在的城市里，站在她必经的校园里，期待着与她不期而遇。可是，她一直没有出现在他的视野里。

后来传来了她恋爱的消息，他心如刀割，但还是在心里祝福她：她那么美好的女孩儿，值得拥有更好的爱情。

大学校园里，出双入对的身影，只有他形单影只。他依然是那个帅气的男孩儿，弹着吉他唱着情歌，眼神忧郁；打篮球时，一甩头发的样子，迷倒女生无数。总之，他身边不缺乏仰慕的女孩儿，但他都视而不见。

他是那么的冷傲。

可冷傲的他心里，一直有一个温暖的她。

他有一张从学校公告栏里拍下来的她的照片，照片里的她巧笑倩兮，他常常拿出来看，天长日久，照片开始渐渐泛黄。

大学毕业后，他得知她结婚了。她结婚那天，他带着一瓶酒一个人开着车来到郊外。那天，他戴着耳机，喝着酒，听着张信哲的《爱如潮水》，流着泪，用寂寥的悲伤祭奠着青春的暗恋。

后来，他结婚了，心里的她，依然草长莺飞。

他还是会像以前一样，去她的城市，感受她的气息。这个城市因为有她，而变得温暖亲切。这个城市，好像融入了他的血液，就算无意中听到这个城市的名字，他都会心跳不止。

后来，当年的高中要举办校庆。

大家想起了当年的她，那个万众瞩目的校花。可是，大家都不知道她毕业后去了哪里。他主动请缨，我去找吧。

他再一次来到她的城市，这次为了校庆，他有足够的理由见到她。

可是这个熟悉的城市，他居然没找到她。问了以前学校的老师，他们也不知道她去了哪里。

那天从她就读的大学出来，校园门口，一辆黑色的豪华轿车停在他身边，车上下来一个高挑的贵妇，身边跟着一个俊朗的男人。

看着那个女人的背影，他的心狂跳不止，那个熟悉的背影，以前每次跟在她的后面目送她回家，看了无数遍的那个背影，他怎么会忘记。

她回头，是的，是她。她依然那么美丽，更多了一分成熟的韵味。

他迎上去，一时不知说什么。她挽着身边的男人，看着他，居然认不出他。

先生，您有什么事吗？她一脸诧异。

他看着她的脸，那么熟悉，却又那么遥远。

他什么都没有说，转身跑向远方。他一直跑一直跑，好像要逃出暗恋的寂寥……后来，终于累得跑不动了，他蹲在一棵树下，看到一朵喇叭花，孤独地趴在树干上。

原来，他的暗恋，就是那朵孤独的喇叭花，趴在树干上，树却不知道。

我本将心向明月，奈何明月照沟渠。他爱着她，她却毫不知情。

自己咀嚼心痛的萧条暗恋里，全是她给的伤悲，而她的时光里，却没有他。

他终生的等候，换不来她刹那的凝眸。

暗恋，是一场孤独的旅程，盛满不被爱的形单影只。

如果可以，便不再选择暗恋。

CHAPTER 2

低到尘埃里的爱，终将凋零尘埃

他们说，爱上时，我便不再是我，我的一切都是为了爱而存在着，就算卑微如沙，我也要在他的手心停留……而终有一天，你从他的手心滑落，跌入尘埃，他视而不见，而你却凋零尘埃。

你在尘埃里，看着那个曾经仰视的他，本以为卑微的烟火岁月，总会由缘浅到情浓，焐热他高冷的心。

而世间所有的一往情深，终归经不起独自付出的冷寂萧瑟。于是，刹那间，落花流水，低到尘埃的爱，终将满目疮痍……

她爱他，
他却爱着别人。
爱本是两个人的事，
这时却恣肆地成了一个人的地老天荒。
她在自己的世界里，
孤寂地看着他悲伤地沉浸在爱着别人的浮浮沉沉里。
而她在他的世界里，
就像是个可有可无的影子……

爱上心有所属的人，终将满目疮痍

那一刻，爱来得那么突然。

猝不及防，他就出现了，仿佛从天而降，直接闯入视野。还来不及考虑他爱不爱自己，他心里有没有别人，就身不由己地爱上了。

她爱他，他却爱着别人。

爱本是两个人的事，这时却恣肆地成了一个人的地老天荒。

她在自己的世界里，孤寂地看着他悲伤地沉浸在爱着别人的浮浮沉沉里。

而她在他的世界里，就像是个可有可无的影子，她不过是他倾诉时的解脱，是他悲伤时的出口，是他需要时的慰藉……

他，在她的爱里自由地来来去去，都是那么云淡风轻；
她，在他爱着别人的悲欢离合里，独自承受着满目疮痍……

她是一个走在人群中就会被淹没的姑娘，普通的外貌、沉默的性格，像一朵不起眼的小野花。

他，却是那么耀眼夺目、温文尔雅中带着阳光朝气，更是篮球场上的灌篮高手。

这样的她和这样的他，奇迹般不期而遇。

那一天，学校的篮球比赛。人群里，女生们尖叫着为他助威呐喊。她站在那里看着他，小麦色的肌肤带着阳光和汗水混合而生的炫目光彩，就那么直接地刺进她的心里。她的心随着他投篮的跳跃而狂跳不止。

她就那样痴痴地看着他，毫无察觉，飞过来的球直接砸到了她的头上，瘦小的她被重重地击倒在地。终于，他站在了她的面前，伸出手，用黑白分明的眼睛看着她，声音浑厚而温柔："你还好吗？"看着让她心动的他，她手足无措，呆呆地看着他，沉醉在他清澈干净的眼神里。那一刻，她忽然觉得这个突如其来的球，来得那么的恰到好处。

缘分就是这样奇妙。她傻呆呆的样子，让他印象深刻，他记住了她。

从那天之后，他每次见到她，总是用调侃的语气和她打招呼，可她总是不敢直视他，渐渐地，他对羞涩可爱的她有了几许好感。

随着交往的加深，他们慢慢熟悉彼此。

她是个单纯的姑娘，爱得直接而纯粹。她也终究是太年轻，不知道单恋是冰冷的付出，无论自己爱得多么肝肠寸断，也温暖不了他不爱的心。

因为太爱，她看得到他的优点，却刻意地回避着他的缺点。而他的优点，却也吝啬于在她的眼前绽放。

他的篮球赛，她一场也没有落下。每次比赛时，她是他最忠实的粉丝。为了增加他的人气，她四处奔波呼朋唤友，一起为他的篮球比赛捧场。她像是在完成一桩神圣的使命一般，在球场上用尽全部力气为他加油助威，仿佛要声嘶力竭呼喊出她爱的全部能量一样。而他却那么心安理得地看着她为自己所做的一切，反正这一切都是她自愿的，她又是那么的乐得其所。于是，她成了整个球场最忙碌的人，跑前跑后为他递水递毛巾拿衣服，在他的眼里，她就是那个心甘情愿围着他转的“打杂”工人。

她爱着他，他却一直以朋友相称，他享受着这种不清不楚的关系，享受着被爱，也懒得打破。有时候旁人也会问：“你们在谈恋爱吗？”她会看着他不冷不热的脸含糊地回答：“也许吧……”而他却笑而不语。

她是个聪明的女孩儿，她知道，她爱他，他却不爱她，单恋的死寂让她痛苦，却也因为太爱他而多了几分不舍。她知道没有结果，却又那么希望可以一直这样和他做朋友，可以一直以朋友的借口见到他，也是一种幸福。

这样卑微的爱，终将梦醒时分。

那一天，他告诉她，他喜欢上了一个女孩儿。她分明听到心碎的声音，在不被爱的角落里轰然炸裂。那时候她才发现自己对他的爱已经无法自拔了。

爱着别人的他，全然不在乎她的感受，对她诉说着他对另外一个女孩儿的爱：“我真的很喜欢那个女孩儿，她的如水双眸，她的白皙面庞，像是不食人间烟火的仙女，我多希望可以拉着她的手，和她一直走下去。”她听着他痴迷的描述，心如刀割。

他沉浸在自己的爱里，看不到她的伤心。

她压抑着心头的痛苦，笑着鼓励他去勇敢追求。他说，如果她想帮他，那就帮他写一份情书吧，他知道她的文采，足以感动那个高冷的女孩儿。她哑然失笑，他居然要求爱着他的自己，为他写一份追求别的女孩的情书。

她觉得自己的爱，滑稽而可笑。但她还是答应了他。

那份情书，她是含着泪写完的。千言万语，说尽的，其实都是她对他的深情眷恋，每一字每一句都是心的呼唤，借此遣怀，情之所至，感人至深。他看到情书时，一脸惊讶，他说她的情书感动了他，也一定会感动那个他爱的女孩儿。

可是，他却不知道，她的情书是写给他的，却无法唤醒他的爱。

情书送出去后的那个晚上，他找到她，醉得东倒西歪，一个大男人，泪流满面。她知道他被拒绝了。

他倒在她的怀里，哭述着对女孩儿的爱，以及女孩儿的无情。她知道他爱女孩儿，就像她爱他一样。那一刻，对他的心疼伴着对自己的爱的无奈，她泪流满面地一直不停地对他说：“你是最好的，你是最好的，忘了她，忘了她，你还有我……”

“在我心里，你是最优秀的，我爱你！”她抱着神志恍惚的他，说出心底最大的秘密！

为了帮他走出痛苦，她找到了那个女孩儿。那的确是一个美丽的女孩儿，乌黑飘逸的长发，白皙干净的脸庞，一双清澈的眼睛黑白分明，而且学习成绩也很好，标准的完美女生。

她知道自己在女孩儿面前，黯然失色。

她问女孩儿为什么那样伤害他？女孩儿直截了当，她说喜欢她的男孩儿很多，她对他没有感觉。

女孩儿的平静激怒了她，她心里的他那么美好，她不允许任何人亵渎他。看着她极力为他争辩而涨红的脸蛋，聪明的女孩儿看出她喜欢他，丢下一句话：喜欢他就告诉他啊，为什么来找我。看着女孩儿远去的身影，她久久回不过神来。

女孩儿的话唤醒了她，她决定向他表白。

见到他时，他俨然已被失恋折磨得形容枯槁。对他的心痛，加上对自己情感的无奈，她声泪俱下："你为什么要这样折磨自己？为了一个不爱你的人值得吗？你难道不明白谁才是真正在乎你的人吗？"

"住口，你根本就不了解我有多爱她，没有她我根本就不能活，你懂吗？"她看着他为了别人而留下的泪，这些年所有的痴爱情伤堆积在一起奔涌而出："我不明白，我不明白，我一直爱着你，可你却爱着别人，我用滴着血的手，写着你给别人的情书，我的心有多疼你知道吗！"

抛下这些年一直想说而从未说出口的话，她转身飞奔而去……

她就那样一直跑着，一直跑着，耳边的风猛烈地吹过，似乎要把这些年所有孤独的付出，统统吹散到风中……

爱上一个人，是那么的身不由己，他闯入了你的心，夺走了你的心，可他却不属于你。明知所有的眷恋，终将零落成泥碾作尘，可还是无法自拔地爱了。

爱原本是两个人的事，是两个人走进一个世界的相依相眷。而那个心有所属的人，心里满满的都是别人，他的心太拥挤，任凭你倾尽所有，却永远都挤不进去。

你在他的世界之外，触手可及之处，是寂寥冰冷的苦楚……

爱情的最初，
付出的那一刻，
是倾尽一生温柔的飞蛾扑火。
被焚烧到痛彻心扉的时候，
才顿悟，
爱情沉浮起落，
需要清醒看透：
哪个人，
是配得上并读得懂，
你倾尽一生温柔去爱的真心。

倾尽一生温柔，却换来温暖不了的冰冷

万水千山，我为你而来，只为你那惊鸿一瞥，我愿为你倾尽一生温柔。

来不及考虑我的付出，换来的是深情回眸，还是冰冷迟暮，我便独自在自己的轰轰烈烈里死去活来。

她的爱，是飞蛾扑火。

她的爱，每一笔，挥之而出，皆是浓墨重彩。她以为这样的爱情，会灿烂了年华，会温暖了岁月，会照亮了彼此。她不知道，这样的爱情，太炫目，太刺眼，让那个想要被感动的人，睁不开眼睛，亦看不见她爱的潋滟绽放。

世事如霜，她所有的付出，在他的眼里，都是心甘情愿，都是理所当然。

倾尽温柔，换来的却是温暖不了的冰冷……

她的爱，来得太早。以至于多年后，她那么后悔，自己过早地在不懂爱的时候，卑微地爱了那么多年。

那段爱，是她的噩梦。

那年她刚上高一，那是个满脑子都是浪漫爱情的年代。

她是一个简单纯粹的女孩儿，她以为的爱情，是琼瑶小说里的唯美，以为只要爱着，就可以在彼此的深情里海枯石烂。

每一个少女对爱情的憧憬，总是武断地用自己的想象无限度无原则地，夸大渲染着爱情的美好，或许根本就是自我的编排，像是一部自导自演的电影，却在那个懵懂的时候，那么真切地感动着自己。

于是，在她的心里，未来那个出现在自己爱情世界里的人，一定是她倾尽一生温柔去爱的人……

只是她不知道，当那个人出现的时候，也正是她注定被伤害的时候。那段并非真爱的玩弄，被她憧憬的心幻化成了真爱。

那一天，在同学的生日聚会上，他出现了。他是同学的哥哥，帅气的脸上挂着玩世不恭。他一眼就看到了她，老练的他知道，这个纯美可爱的女孩儿，就是那个他轻易就能捕获的猎物。而纯洁如一张白纸的她，偏偏被他玩世不恭的痞子气吸引。

世间所有纯涩年代里爱的伤害，都是纯情少女爱上魔鬼的故事。

那天下午，他们一起去了KTV，她唱歌的声音很干净，他对她开始着迷，用火辣辣的眼神望着她，她怎能没有感觉。

于是每天下午，他都会在她的校门口等他，刚开始她避而不见，故意绕远路也不要看到他。她知道自己被他吸引，她怕爱一旦开始，就会覆水难收，她知道自己还有学业要继续，她不能让自己陷进去。

那天，在校门口的转角处，她被他拦在路口，问她为什么要躲着他，他的眼神帅气忧郁。他说自己真的很喜欢她，她为什么那么绝情，一点机会都不给他吗？看着他的眼神，她知道自己完了。

她很快成了他的猎物。刚开始的时候他对她相敬如宾，没有任何僭越之心，他用他的欲擒故纵吸引着她对纯美爱情的向往之心。单纯如她，她以为就此，被她憧憬幻化到感天动地的唯美初恋，在她的生活中婉转登场。

她在她以为的美好爱情里，越陷越深。

她爱得痴狂，她愿意为爱倾尽温柔。

她们在一起两个月了，她无心投入学业，成绩频频下滑。在她的生日那一天，他吻了她，那种感觉很美妙，像极了她憧憬了无数次的琼瑶小说里的感觉。

高三最关键的那一年，她开始厌学弃学，不听家人的话，变得很叛逆。

就在高考即将到来的那段时间，一次醉酒后，他们发生了关系。她以为这不计一切的付出，就是爱最美的归宿。

可她不知道，这份自以为超越一切的唯美爱情，毁了她的高考，毁了她的大学梦，毁了她的一生……

父母得知她有了男朋友，一怒之下决意带她离开。满心爱情梦的她，看不到父母的忧心忡忡，看到的只有自己不切实际的爱情幻想。那一次她做出了一个最荒诞的决定：跟着他私奔，抛下学业和父母，离开了自己长大的地方，去了外乡。

她以为的执子之手，没有到来。

两个没有学历没有工作的人，租住在简陋的出租屋，不久之后她们便身无分文。艰难的日子，没有让他对她心疼怜惜。他的痞子气，在这一刻展露得淋漓尽致，他整天跟一帮朋友出去混日子，曾经少女眼里帅气的玩世不恭，在现实中变成了赤裸裸的为所欲为。

而她的心思，还是活在爱情的纯美中。不管未来多苦，她愿意对他倾力相助，哪怕，粗茶淡饭；哪怕，家徒四壁。

为了养家，她开始出去挣钱，可是没有学历的她找工作是多么的不易。

不久后，她进了一家会所做服务员，第一天，她就发现会所经理色眯眯地盯着她看，她很害怕，但是为了她圣洁的爱情，她坚持留下来。那次经理趁着没人的空当，对她行为不敬，她落荒而逃。

泪眼婆娑地回到他们租的小房子，受伤无助的她心里想着，至少还有他，只要他在，所有的冰冷恐惧，都会被温暖。

他却背对着她躺着，对嘤嘤哭泣的她咆哮着，说他不想看到她哭丧着脸的样子。

她冲到卫生间，哭得撕心裂肺，那时候的她很想回家，可却依然无法放弃那份幻想中的美好爱情。

于是一直在坚持，不停地坚持……那个夏天，她顶着火辣辣的太阳，一次次地寻找后，终于找到了一份保洁工作。而无所事事的他，看着她艰难地支撑着他们的生活，心安理得地以为她的付出是心甘情愿，理所当然。

爱到此景，已是卑微，她却以为再累都是值得的。

她在她爱的疯狂里，倾尽全力。

张爱玲说："见了他，她变得很低很低，低到尘埃里，但她心里是欢喜的，从尘埃里开出花来。"

她就是这样。

刻骨铭心的噩梦，开始于那次不幸的怀孕。进手术室打胎那天她心神俱灰，眼神空洞无望。他却不知去向。

三天后，为了维系苟延残喘的生活，为了不让他再为他们的生计焦虑，她支撑着摇摇晃晃的身体走出家门，打算继续上班。

远远地，她看见他怀里搂着一个女孩儿。

那一刻，她心灰意懒，痛苦的泪水滑过脸颊……

想要倾尽一生的温柔去爱，最后却俨然成了被轻贱的伤害。

爱情的最初，付出的那一刻，飞蛾扑火的壮烈和冲动里，还来不及考虑值不值得。

就那样义无反顾地，冲锋陷阵……

爱意浓烈的深情，在如霜现实中，转眼间就变得残破不堪。

那些幻化于心的幸福，被世事尘烟挟裹着，渐渐走向暗淡，渐渐看清事实……

于是，被焚烧到痛彻心扉的时候，才顿悟，爱情沉浮起落，需要清醒看透：那个人，是否配得上并读得懂，你倾尽一生温柔去爱的真心。

不要让自己，倾尽一生温柔，换来的却是，温暖不了冰冷……

爱是尊贵的情感，
卑微的爱，
会被碾压成尘埃，
被无视成轻贱。
低到尘埃里的花，
注定枯竭而亡。

放低了尊严的爱，只剩满地荒草飘摇

爱是两种姿态。

爱是草，爱是树。

爱是草时，便是张爱玲眼里的，爱到深处是卑微。她看着胡兰成在自己的世界里，流连戏蝶般来了又去。而她为了这样一个如风不可捉摸的男子，变得很低很低，低到尘埃里去。本是一个清傲而又有才情的女子，为了一个男人甘愿低到尘埃里去，憧憬着从尘埃里开出欢喜的花来。

低到尘埃的干涸，怎会开出花来？

爱如草，低到没有尊严，低到看不到阳光雨露，终将荒草飘摇……

爱是树时，便是亦舒眼里，不攀缘的高贵。她不是痴情围着他吟唱的鸟儿，她不是为他送来清凉慰藉的清泉，她更不是为了增加他高度、衬托他威仪的险峰。她是他近旁的一株木棉，以树的形象和他站在一起。

没有攀附、没有钦慕、没有仰视。他们是并肩而立的平行线，执手相看，却不亵玩，亦不会爱到没有归路。

她的爱情，注定是一场孤独的付出。

从高中时，第一眼看到他时，她就开始了卑微的喜欢。他品学兼优，阳光帅气，注定要成为被很多人追逐的仰慕者。

她学习成绩一般，相貌平平，是那种走在人群里很快被淹没的女孩儿。

那份压在心底的喜欢，纠缠在青春的岁月里，成了她心头抹不去的牵挂。

第一次惊心动魄的表白，他面无表情，没有一点意外，没说同意，也没说不同意，也许他很享受被喜欢的感觉，也愿意在不明不白的暧昧里接受她对他的好。

她真的对他很好，为他织手套织围巾，为他去图书馆占位置，为他洗衣服洗袜子。她似乎已经扮演起了女朋友的身份。

可是他却经常对她吹毛求疵。说她编织的围巾不够时尚，说她占的位置太偏远，她跑了好几条街给他买的衬衫，他觉得太难看。

这种卑微的爱，一直持续到高考。

因为一心所系皆在他身上，学习成绩原本就一般的她，最后只考到一所普通的专科学校。成绩优异的他，很顺利地考到了北京的名校。两地阻隔的不只是两个人，还有两道无形的差距……

起初还有联络，但是后来他渐渐不再理会她每天的嘘寒问暖。她知道他的冷漠，会被距离越发拉深。思念一个人的苦涩与甜蜜都是孤独的，明知他的好不属于她，可她却任凭他在自己的记忆中被无限放大，仿佛天底下只有这一个好男人。

喜欢一个人的时候会低到尘埃里，她不想再这样轻贱下去，可对自己的痴情却是那么的无能为力。

好在毕业后，邂逅了一份喜欢的工作，虽然收入不算高，但她做得很开心。日子在简单中度过，但思念他的波澜却一直没有停歇过。虽然，身边不乏追求者，但她一直没有恋爱，心有所属，容不下别人。

那次同学聚会，让他们重逢。再次看到他的时候，她的心狂跳不止。如今工作出色的他，帅气里多了一分成熟，更让她欲罢不能。那次的聚会上，她紧张得不知道说什么，她得知高傲的他一直单身，她不断地问自己：我要再次表白吗？

第二次的表白，他还是丝毫不惊诧，聪明的他一直都了解她的心思，他也愿意她围着他转。她愿意为他付出一切，只要能跟他在一起。

卑微如她，疯狂如她。

为了与他厮守，她决定辞职。那是她最喜欢的工作，领导很诧异，她一毕业就来到公司，从什么都不会开始，领导对她的知遇之恩，她懂，她突然离开，对领导的伤害，她也懂。但，为了她卑微的爱情，她已经不顾一切了。

在他面前，她注定是低到尘埃里的荒草，没有温暖，没有浪漫，只有萧瑟飘零。他工作很忙，每次见面他都是行色匆匆，心不在焉。她没有见过他的同事，更没有见过他的亲友，她像是一个被遗忘在爱情角落的小丑，在远离她爱的人圈子之外，独自吞咽着一个人的苦涩。

她知道，如果他爱她，一定会挽着她的手，出现在他的亲人朋友面前。但是一直都没有。

那一次，他打电话告诉她，他要去参加一个朋友的婚礼，她趁机要求一起去，还打趣要和他夫唱妇随。他委婉拒绝，那一刻，她心如刀割，她分明感受到，他不想让她出现在他的朋友们面前。但她什么都没说，爱一个人是宁肯把委屈往肚子里咽的。

她预料到，她的爱情注定是一场危险的路程。

在那段痛苦的相处中，他们的矛盾越来越多，他的缺点也逐一显现，可是，她却始终在没有底线的包容里妥协。她从来不敢奢望他的爱为她绽放，只要他愿意留在她的身边，就好。

那一次，她们遇到了情侣之间最敏感和难以跨越的话题。

她一直认为，她的第一次，是要留给爱她的爱人，她要的是情之所至的美好融合。她不知道这样飘忽不定的他，是否值得她这样无所顾忌地交付。

所有的冲突最终落在这件事上，他用看似美好却无耻至极的理论道出了自私的心声：你如果爱我，就不应该在这件事上有所保留。

她知道，如果他爱她，就不会强迫她。

一次次吵闹、冷战后，她看到他渐渐疏离的心，她惶恐不安，她害怕失去他。

于是，那个可怕的念头在心里酝酿：既然喜欢，为什么不敢跨出那一步？

她打电话给他，第一次，他那么迫不及待地飞奔而来。简单的寒暄之后，他直奔主题。她目光茫然地盯着天花板，憧憬着身体的交付，必然换来爱情的栖身之处。

他的样子，仿佛这些年所有的过程，都是奔向这样的一个结果。

憧憬的爱情温暖转角没有来，三个月后，她从朋友那儿得知，他结婚了。如五雷轰顶的消息，彻底将她击垮，昏厥的她被送到医院……

六年的时光，一段低到尘埃里的爱情。

她用她的卑微，纵容了他的自私，也划伤了自己的情感……

爱是尊贵的情感，卑微的爱，会被碾压成尘埃，被无视成轻贱。剩下的，只有落花流水春去也。

低到尘埃里的花，注定枯竭而亡。

爱不是俯视，更不是仰视，爱是和爱的人站在一起，彼此对望时，惺惺相惜的眼神。爱，本应该是一种让彼此变得更美好、更温暖的情感……

爱，是仰起头，向着彼此的阳光，绽放……

爱到浓时，
太专注地给了对方全世界。
可突然，
那个人变了，
爱情的世界风烟弥漫。
所有关于他们之间，
爱情的美丽誓言，
转眼间变得残破不堪。

自伤自残，挽留不住日渐冰冷的疏离

爱到深处，有时候会壮烈到不可思议。

那是爱到浓时，太专注地给了那个人全世界，那个人从他们的全世界路过，突然渐行渐远。

被遗弃的内心，刹那间兵荒马乱。

不久前，还仿佛，世事烦扰，都不会凌乱他们的爱情。

可突然，那个人变了，爱情的世界风烟弥漫。

所有关于他们之间，爱情的美丽誓言，转眼间变得残破不堪。

怎么可以，怎么可以改变？说好的至死不渝呢？说好的白首不分离呢？

不可以，就这样，走着走着，就散了，回忆都淡了；看着看着，就累了，星光也暗了；听着听着，就醒了，开始埋怨了；回头发现，你不见了，突然我乱了。

温暖相依的那个人，渐渐放开了手，她追上去想要握住，却是冰冷刺骨……

于是，她慌了，怕了，不知所措了。

于是，她用证明壮烈爱情的自伤自残，以为可以激起那个人的怜惜之心，以为可以挽留住那个人日渐冰冷的疏离。

可是，她错了……

爱情的最初总是美好的，以至于后来失去时，曲终人散的落差才显得那么残破不堪。

她的爱情开始时，或许太过美丽。

他们属于一见钟情，大学校园的爱情似乎都是这样的千篇一律。他热情直接，她矜持狡黠。她看懂了他的征服欲，于是和他玩着猫捉老鼠的游戏，心里却早已巴不得立刻扑上去。

女人还是会被男人疯狂的追求折服。他们在一起了，以最甜蜜的方式。

他们的确爱得热烈，校园的情色男女里，总有他们穿梭其间的身影。每一次见面，恨不得把这世间所有的情话说尽，每一次短暂分开，又不得不独自咀嚼离别的苦涩滋味。

她是个缺乏安全感的女子，在他的身边，她总会把手放在他的手心里，他就那样一直握着，仿佛一松手就会失去她，仿佛她就是他掌心里的宝贝，他要用一生一世去呵护她。

爱情的甜蜜，撒到哪里都是芬芳，于是爱的路上，总有那么一段鸟语花香。她们恨不得用爱的脚步丈量到世界每一个角落，以此见证爱的山高水长。就像那一次，他在月高风清的江边突然吻她，引得路边的行人纷纷侧目，眼里都是羡慕；就像那一次，他拉着她的手举着两只大烧鸡当街大嚼，像两个傻瓜一样嚼出满嘴油，那一刻整条马路成了他们爱的秀场。

那天刚刚落了一场雨，满天的蝴蝶振动着轻盈的翅膀在彩色的天空下飞翔，她倚在他的怀抱里，吃着他放进嘴里的樱桃，听他讲小时候的趣事，她笑得幸福而甜美。他忽然扳过她飘着长发的头说，傻丫头快点长大吧，长大了就嫁给我。

爱情，成了她人生的美丽憧憬和全部动力。她习惯在每个醒来的早晨去想他，去想他们的未来，想他修长的手指拂过发间的暖，这种暖，会成为她一辈子的眷恋。

这一爱，就是五年。

本以为爱情，会这样细水长流，有彼此的地方，就是春天。

可爱情的世界，会忽然风雨飘摇。会渐渐走向凌乱，继而无味，最后厌倦……

不是生活太无情，是人们守不住内心的纯粹。

现实，击碎了内心的纯粹。

毕业后，她们像所有的年轻人一样，成了这个城市里朝九晚五奔赴生活的大男大女。艰辛的工作，微薄的薪水，理想与现实间的落差，磨蚀了他的儒雅谦和，他变得虚荣浮躁。

她觉察到了他微妙的变化，她不止一次暗示他，只要和他在一起，就是幸福，她不需要锦衣玉食，她只需要他的爱。而自尊心交织着自卑心，已经让他的爱情和精神沦陷，他迫不及待地想要接近他一直憧憬的成功。

于是，他开始变得心不在焉，他开始不露痕迹地松开了一直拉着的她的手，他逐渐流露的冰冷，让她恐慌。每次面对她的质疑，他总是理直气壮地以“为了事业为了你”为借口，来掩盖让她不安的忽视。

女人的爱情，总会在某个不经意的瞬间变成敏感的猜疑。她不想成为他可有可无的影子，她怀念曾经他们一起共度的美好时光，那种从热烈到冰冷的情感落差，让她总是在暗夜的独自回忆中泪水涟涟。

她嗜爱如命，以为爱情就是一切。

心高气傲的他，辞职开了自己的公司，一心想着通过创业来证明自己作为一个男人的能力。

爱情，还是败给了现实。

从他决定开始自己创业做公司，他们的感情就更加走向疏离。

回忆成了最美的心事，从前的浪漫一去无影踪。曾经的他，总会出其不意地把一束花递到她的面前，然后搂着满脸红晕的她，说着她最喜欢的情话，描绘着她们未来的生活模样……而现在，她只能看着他应酬回来后，伏在马桶边呕吐，挥发的酒精和他身上的烟味都成了她心里的痛。

但是无论如何，她从未怀疑过他们的爱情，她以为只是事业占据了他全部的心思。而那个午后，她却彻底崩溃了……

那段时间，她很少看到他，甚至很少有他的消息，每次他都说公司里事多，应酬多，各样的项目占据了他的生活。她看着他闪烁的眼神，她慌了，彻底慌了，她看到爱的危情告急，他们的爱情在风雨飘摇中终于爆发了。

那个穿着性感妖艳的女人找上门来的时候，她在眩晕恍惚中还是相信了眼前的一切都是事实，女人把背包向后一甩径自穿着高跟鞋进门，说是来找她的男人。

老板和女客户的外遇，好像电视剧的剧情。一场酒会的眉来眼去，他对这个冰雪聪明又有雪一样肌肤的女人竟然产生了迷恋，事业上的协助，身体上的放纵，让他彻底沉沦。

她疯了一般含着泪狂奔出去，站在残叶飞舞的冬日的天空下擎着手机给他打电话，她哽咽着咆哮着嘶吼着，问他为什么这样对她？他的声音平静得让她害怕，还反过来指责她怎么还像个小孩儿，这样没有理智的行为很可笑。他还说，女人的处事精明和工作能力让他觉得自己未来的成功指日可待，而她的依赖却让他在沉重的压抑和压力中举步维艰……

从曾经浓郁的爱，到现在无耻的背叛，让她彻底疯狂。

万丈红尘，是条不归路。

这么多年的感情，如今却像一片飘零在秋天的叶子，而她却无力抓住。对她的伤害，他没有说过一句道歉的话，即使是在那一个个她痛哭哀叹的夜晚。于是，她试图用疯狂的行为来激起他的怜惜之心，挽留他日渐冰冷的疏离。

她去酒吧买醉，喝到不省人事，头痛欲裂的眩晕和翻江倒海的呕吐之后，她给他打电话，电话里，她酒话连篇，哭哭笑笑地述说着她对他的爱，对过去的怀念，对她们情感的不舍，对他的伤害的悲痛……本以为足以感天动地的表白，可以温暖那颗冰冷的心，可是她错了，他挂掉电话后就一直没有出现……

她去他们曾经约定三生三世的海边，一个人流着泪在海滩边奔跑，跑到精疲力竭，跑到头晕目眩。最后径直走向海水里，失去理智地越走越远，她太痛苦了，她想让海水淹没自己的痛苦……就在快要溺水的瞬间，她被救了起来。那时，她打电话让他来看她如何死里逃生，言语里充满悲凉。但最后他还是没有来……

最终，她还是瘦得如寒风中摇摆的一张剪纸，飘零而又落寞。

她的自伤自残，并没有感动他……

那一天，她约他到家里。拿出一瓶红酒，她说想跟他喝一杯。他的眼波里，片刻的柔和后还是心不在焉的急躁："有什么事，快说吧，公司很忙，晚上还有一个应酬。""忙，忙，忙，你是在忙你的情人吧？"她最后的耐心终于在她的冷漠中爆发，她一把打落餐桌上的红酒，随着砰的一声炸响，玻璃碎片四处飞溅，她拿起一块尖锐的玻璃，带着绝望的神情，划向自己的手腕。

血顺着动脉喷发而出，她无力地狂笑着倒了下去……

醒过来时，是在医院里，睁开眼，他不在身边。护士给了她一张字条，说是送她来医院的一个男人留下的。只见字条上写着：不要试图再用自我伤害的方式挽留我，没有用！

赫然的几个字，他狠心的决绝，彻底刺痛了她的心。

她终于明白：卑微的自伤自残，终究挽留不住已经冰冷不堪的情感……

爱情如世事，总会飘摇不定。

当爱情突然沦陷，变得面目全非。依然残破的心，不能再自伤自残。

任泪水划过伤痕后，收拾起凌乱的心情，任外面的世界飞花落月，心，要依旧高贵地爱着自己。

不在错爱的殇里，纠缠伤痕……

CHAPTER 3

最初奋不顾身到心力交瘁，最后万念俱灰到绝望心碎

他们是这个世间最普通的饮食男女，都在期待一场奋不顾身的爱情。

爱情在最美丽的年华，总有美丽到不食人间烟火的盛开。那是一场不计后果、不屑现实的情爱传说，传说里的公主和王子，以为他们的爱情仿佛水晶，晶莹剔透到照不出现实的杂质。

可世间所有的美丽，都禁不起现实无常的算计。

突然有一天，她心力交瘁地以身相许，在柴米油盐的光阴磨砺里，变成了他不想珍惜的负累……

他不计代价的奋不顾身，在光怪陆离的现实诱惑里，变成了她想要逃离的背叛……

于是，最初奋不顾身到心力交瘁，最后却万念俱灰到绝望心碎……

爱已疯狂燃烧，偏偏只剩灰烬

爱，
在疯狂里，
变得无比弱智和滑稽。
不是爱错了，
不是疯狂错了，
而是疯狂的爱蒙蔽了慧眼，
于是，
爱错给了不值得的人。
爱，
有时需要冷暖适度。
爱情有了适宜的温度，
才可以温暖两个人的似水流年。

疯狂的爱，是一场烟火蔓延。

在那次脸红心跳的相遇后，似乎没有如火相爱，就辜负了那么美的遇见。

于是，两颗滚烫的心，带着飞蛾扑火的烈焰浓情，碰撞在了一起……

激爱的感觉，心神摇曳。

爱情适宜的温度，可以温暖两个人的似水流年。

可爱情太过灼热的温度，是否也可以燃烧到地老天荒？

不！

燃烧，疯狂刺激，起落急速，是一刹那的烟火表演。

烟火熄灭后，灼伤的疼痛，呛人的刺鼻，伴着眼泪涌出来。透过泪眼蒙眬，他们分明看到：

曾经爱已疯狂燃烧，如今偏偏只剩灰烬。

爱的最初，总是在疯狂里开始的。

她的爱情，像所有的年轻人一样，开始于那个激情蔓延的青春时代。那个像风一样的男孩儿，突然就闯进了她的世界，叩开了她不谙爱情的心门。那一年，他们刚上高一，本来应该是一个一心只读圣贤书的年代。

可是，爱情在那个特定的年华里，总会来得那么的毫无理智。他长得很帅，个子很高，一脸的阳光英朗。情窦初开的她，没有理由不喜欢上他。她们就这样相恋了，爱得没有了现实。

那个时候的她，单纯得以为世间只要有爱情，就有了一切，所以学习在爱情面前，也显得不再那么重要。于是，无心学业只要爱情的她，高考落榜。他也因为与理想的学府失之交臂，失去了上大学的信念。

年轻时的爱情，像是个美丽的谎言，掩盖着现实的残酷性。那时的她，爱得如火如荼，和他一起在家乡找了份工作，很快就见了家长确定了关系。她挽着他的胳膊，他握着她的手，仿佛将彼此爱的温暖和希望完全地握在了手心。

工作和家人，爱情此刻似乎稳当得让她以为，从此以后就是一辈子的不离不弃了。

一年的情爱时光，疾走如飞。聪明伶俐的她工作出色，领导提议送她去国外深造，以后必会前途无量。她欣喜若狂，她原本就有无限的潜力和能力，只是高中时因为感情耽误了学业，这次是一个绝佳的机会。当她把这件事告诉他后，他并没有表现出惊喜的神情，其实她完全可以就此看出他的自私，但是疯狂的爱蒙蔽了她的眼睛。

他说，他为她高兴，但是也为她出国后他们即将面临的离别而悲伤，他是男人，读书赚钱养家的事，应该由他来完成。其实，她完全可以看出他的别有用心，可是疯狂的爱情迷惑了她的心。听了他的话，她不但没有质疑，反而以为他所做的一切都是为了分担她的生活负担，她感动地扑进他的怀里，马上表示支持，只要他愿意继续读书，她愿意做背后支持他的女人。

趁机，他提到了学费的问题，他拮据的家庭是她一直以来都了解的，再加上父母身体本身就不太好，家里的积蓄也是捉襟见肘。

她爱他，疯狂如初，爱得没有心机没有城府，以为奋不顾身的付出，必换来惺惺相惜的守候。为了她们的将来，她下定决心，要攒钱供他上大学。而供他上学，她要做出的最沉重的代价就是：放弃自己出国深造的机会。

她以为，为了爱情不顾一切的赌注，是值得的。

可她不曾想到的是，最初奋不顾身到心力交瘁，最后却万念俱灰到绝望心碎。

那一年，他坐上了南下的火车去南方读大学。

她留在家里，开始了早出晚归上班赚钱的艰难生活。

母亲的反对敌不过她的坚持，母亲只能选择默认。从他走后，她就承担起了照顾双方父母的重任，他的父母对她自是不胜感激。但单纯如她，疯狂如她，她认为爱情里的两个人，是不分彼此的，她所有的付出都是应该的。

爱没有错，爱得奋不顾身也没有错，可是，错就错在，把最好的爱，给了错的人！给了不懂珍惜的人！

这又是一个老套的故事，但就是这样老套的故事，却总是在爱情的世界里悲伤地上演着！

刚分开的那一段时间，思念在两个人的心里，如青草般滋长着。每天必不可少的电话短信里，说不尽相思如潮。他们聊了很多以前在一起的美好回忆，也憧憬着以后的生活，描绘着未来在一起的蓝图。他们谈到了什么时候结婚，什么时候生子，什么时候买房子，甚至财政大权谁掌握，等等。

她满心幸福地畅想着，未来美得要命的生活……

她从没想过，他会始乱终弃。

那是他大学的最后一年，期盼学成归来的日子已近在眼前，这四年她拼命工作赚钱供他上学，等的不就是这一天吗？可是，这段时间的他，忽然变得很忙，短信不回，电话不接，有时候接电话还经常一副心不在焉的样子，曾经说不够的甜言蜜语，他开始无心地敷衍……

她的第六感让她感觉事情不是那么简单，她要求去学校看她，可是他却以各种理由阻止。她试探着问他是不是变心了，可他却信誓旦旦地说他只爱她……

单纯的她，在他的誓言面前，收起了所有的戒备。一如既往地拼命赚钱，一如既往地省吃俭用，继续让他毫无压力地度过大学的最后一年。她仍然如数地寄给他学费和生活费，并小心翼翼地等待着他学成归来兑现他给她的承诺，一起开始她憧憬了很多年的幸福小日子。

期盼已久的日子终于来到，她以为会等来的幸福，却变成了一声晴天霹雳，炸碎了她曾经梦想了无数次的幸福，也炸碎了她的心。

那一天，他学成归来，她在他家门口翘首企盼，等来的却是他和另一个女人手挽手出现在她的面前。她不敢相信眼前的一切，片刻的眩晕之后，她歇斯底里地扯着他的衣襟，让他给她一个解释和交代。

原来，那个女孩儿是他的同学，大学最后一年的时光，他们就在一起了。他眼神里闪过片刻的愧疚之后，便是一脸的不屑，他说他知道自己对不起她，学费以后会还给她，他现在已经是见过世面的大学生了，而她还是一个没有学历的乡下女孩儿，他们之间已经没有共同语言了，更不可能站在同一个起点，强扭的瓜不甜，他希望她能成全他……

看着他自私丑陋的嘴脸，看着自己为了供他上学不舍得买衣服的简朴的装束，看着对面那个女孩儿靓丽高贵的外形……她忽然像是被无情的现实狠狠地抽了一个耳光，那么讽刺，却也那么刺痛，她分明听到心碎的声音，伴着她歇斯底里的呜咽声，在悲伤的空气中飘荡。

那是绝望的呼啸，疯狂燃烧的爱，最后灼伤的，却是自己……

剩下的，是不留一丝温暖的灰烬……

爱，在疯狂里，变得无比弱智和滑稽。

不是爱错了，不是疯狂错了，而是疯狂的爱蒙蔽了慧眼，于是，爱错给了不值得的人。

于是，你的疯狂，成了他的肆意和无谓。

无情不似多情苦，多情空余恨。

所有的燃烧，都是瞬间的烈焰浓情，本以为可以烘暖了彼此爱的来时路，最后却喂饱了他的私心，灼伤了自己的真情……

对方的冷，是因为你的心甘情愿骄纵了他的肆意轻贱。

你的痛，是因为疯狂的爱被无情的心瞬间扑灭。

爱，有时需要冷暖适度。

所有的奋不顾身，
都是孤注一掷的赌注。
是输是赢，
无人知晓。
誓言美得让人悸动，
美得让人愿意押上一生的赌注，
去等待那个被描绘了无数次的梦，
可以在现实中绽放。

奋不顾身的壮烈，在世事无常里毁灭

爱上时，“我”已不再属于“我”。“我”在遇到“你”之后，“我”的全部都是“你”的。

爱，是魔咒，让人奋不顾身到匪夷所思，仿佛不把一切给那个最爱的人，就辜负了爱的一往情深……

那是一张精心布置的情网，深陷其中时，便无法自拔。那个站在网中央的人，被灌了爱的迷药，拼命地吐着爱的丝，织着爱的网，从没想过如此这般的付出，会不会在未来的无常里毁灭。

只是以为，爱着，就是蜡炬成灰泪始干。

不！

奋不顾身的壮烈，忘我的爱里，没有了“我”，被爱的那个人心里，也装不下那个“你”。

奋不顾身的壮烈，不分彼此的爱里，没有了距离，被爱的那个人心里，是想要自由的逃离。

越是逼近，越是疏离。

越是倾力，越是无力。

越是不顾一切，越是一切全无……

爱，有所保留，才会有所余地……

有些奋不顾身的爱，是一种纯朴里静静流淌的壮烈，没有歇斯底里，没有信誓旦旦，却固执地潜藏在心底，翻腾着只有自己知道的涟漪……

就像她的故事。

她是一个纯洁美丽的女子，那时的她总是喜欢坐在和他第一次见面的水岸边，托着腮望着远方，眼神里满是期待的柔情。清澈的河水映出了她温婉的脸庞，许久之后，她回过头来，看着水中的倒影，看着自己因为思念而忧郁的脸。女为悦己者容，只是不知她的悦己者归期几何。

不远处，岸边干活的小伙子们总会坐在河边的大石头上看着她，一些颇为她的美丽动容的男人们，还会挑衅似的对着她唱起了情歌，她会红着脸埋下头，装作没有听到。而那些拿着捣衣棒洗衣服的泼辣女人，话里有话地冲着小伙子们喊道：别费劲献唱了，人家心里已经有人了。

是的，她的心里一直装着一个人，她愿意奋不顾身地等他爱他，所以再也容不下别人。

日子就这样一天又一天，平淡地度过。

而她奋不顾身的心，却在岁月里等成了煎熬……

她喜欢去的第二个地方，就是村口的邮局，“李姐，今天有我的信吗？”她颤抖的声音里充满了期待。

看着李姐一如既往地摇摇头，蚀骨的失望戳痛了分分秒秒在等待里煎熬的心。

她含着泪转过头，快步如飞，继而在村里的石子路上狂奔，任泪水如雨滴在风里飞，仿佛这些年所有为爱奋不顾身的痛苦等待，都会在这一刻被甩在身后。

关于那个让她苦苦等待了那么多年的人，质朴内敛的她宁愿压抑在心底，也不愿向任何人提起。她知道这样的等待也许根本就不值得，也许对方早已将当年的承诺忘记，也许对方已经开始了自己的爱情生活也未可知。可是，爱到奋不顾身的狂热，连她自己都控制不了。她知道等下去也许是无疾而终，孤独收场，但是，她还是愿意等下去……

那一年，她十九岁，她是村里最漂亮的女孩儿，那个人是村里最英俊的男孩儿，他们青梅竹马，两小无猜，是村里公认的金童玉女。在恋爱的季节里，他们甜蜜的影子洒满了整个村落。

可爱情终会遇到现实。那几年，庄稼收成不好，为了谋生，他决定和村里的男孩儿们一起外出打工。

分手前，是痛苦的。

“亲爱的，我要走了，等我回来好吗？”

“我……我舍不得你，你不会一去不回吧？”

“我不能向你保证我什么时候回来，但是你要相信，我一定会回来的，我会赚够钱回来风风光光地娶你，你会等我回来吗？”

“我爱你，我愿意用一生的时间等你，只是我害怕你会爱上比我更好的女孩儿。”

“不会的，绝对不会的，你知道我的心里只有你，我们从小一起长大，这么多年的感情，难道你还不相信我吗？我向你保证，虽然以后我们见面的时间少了，但是我会经常给你写信，我不会忘记你，更不会爱上别人的。”

“我相信你，我会等着你。我知道男儿志在四方，我不想把你束缚在我身边，相信你在外会闯出一片新天地，我也相信，你会回来娶我。”

她泪眼婆娑，他感动地拥她入怀。

就这样，他走了。那天，下着很大的雨，透过迷蒙雨雾，她踉跄着爬到山坡上，远远地望着他远去的背影。她就这样一直看着他的背影，一步步走向远方，最后变成一个看不清的黑点，她捂着嘴，任由眼泪一滴滴地往下掉。

爱的誓言，说出的那一刻，美得融化天地。可誓言，总会在世事无常里，变得面目全非……

只是当时的她，不知道爱的誓言，最后竟然变幻无常到让她措手不及……

等待的日子，漫长得像是拉扯着内心的痛点，每一个日夜都是那么难熬。

这样几年过去了，身边的女孩儿们都结婚了，只有她一人还在继续等着，当年那些曾经喜欢她的男孩子们，很多都已经做了父亲。很多人劝她不要为了一个承诺而荒废自己的青春了，可她还是痴心地坚信他会回来，回来娶她，兑现当年的诺言。

等着等着，渐渐地，她褪去了曾经的青涩，成长为亭亭玉立的女人。她以为，她用整个青春来等待他，是值得的。

当初留下他们爱的誓言的河边，是她常常去寻找回忆的地方。年复一年，河水从结冰到融化，树叶从茂盛到凋零，山峦从翠绿到光秃，岁月更迭，不变的，是她不曾忘记的、奋不顾身的初心。

那一次，很久没有他的消息了，托人打听，也是杳无音信。她心急如焚，几次打算离家去外地找他，可是一个柔弱的没出过远门的女孩儿，天下之大茫茫人海，去何处寻找？父母看着她几近疯狂的样子，担心她想不开，干脆把她反锁在房间里。有那么几天，她抱着头坐在黝黑的屋里，不吃不喝，只是默默地流泪。

她甚至想到了死，以为为爱殉情就是最贞烈的表达。

父母为了让她从这段感情里走出来，也开始给她物色对象，她姣好的面容，还是迎来了无数慕名者。

看到这些追求者，她只是沉默着，不说话，心里想着那个回不来的男人，眼里容不下别人。她太年轻，她不知道，天涯何处无芳草的道理；她不知道，把青春浪费在这样一个人的身上，是多么的不值得。

看着她日益消沉的身体和意志，看着身边那么多好男孩都被她拒绝，父母心急如焚，他们不愿看着自己的女儿就这样自我摧残。于是，便逼着她出嫁。她开始反抗，绝食，到最后她用微弱的声音大声喊着：他会回来娶我的，他答应过的，他一定会回来的……

父母看着傻到奋不顾身的她，无能为力……

这天，她支撑着虚弱的身体走出家门。就在转身的瞬间，她看到了他，那个她等了八年的男人。只是，他的身边多了一个女人，女人时髦漂亮，一看就是城里的女人。她声音颤抖地问道："是你吗？"听到她熟悉的声音，他不敢正视她。她看到，那张在梦里出现过无数次的面孔就这样映现在眼前，他似乎已经褪去曾经的乡土气，多了几分成熟男人的魅力。

沉默许久。她说她相信他的诺言，这些年一直在等他。

他的眼神躲闪着她，言语闪烁地说，当年的承诺太青涩太轻率，那时他们还年轻，不懂得情感，这么多年过去了，很多事情都变了，他也有了新的感情……

她看着他身边那个美丽的女人，头一阵眩晕，摇摇欲坠，她虚弱地语无伦次地低吼着：你一句不懂感情，就可以把过去的一切轻描淡写地一带而过吗？你让我相信你的承诺，我便信守着这份承诺，等着你回来娶我，八年了，你知道等一个人等待八年的滋味吗？你这个刽子手，你扼杀了我的青春，你玷污了我的真心……我……我恨你……

泪眼模糊了双眼，她转头，踉跄着飞奔而去。

万念俱灰的绝望，在心头蔓延……

奋不顾身的等待，换来的却是，无情的背叛……

这个世间的爱，有多少奋不顾身的壮烈，在世事无常里毁灭；又有多少美好的时光，耗费在不值得等待的爱恋里。

《东邪西毒》里寂寞空惆怅的嫂子，手执一朵凋零的桃花，幽幽地说："我一直以为我爱得奋不顾身，我爱得美丽壮烈，有一天我照镜子，才知道自己终究还是输了，我把最美好的时光，交付给最不值得的爱情。”

所有的奋不顾身，都是孤注一掷的赌注。是输是赢，无人知晓。

誓言美得让人悸动，美得让人愿意押上一生的赌注，去等待那个被描画了无数次的梦，可以在现实中绽放。

可是，爱是泡沫，经不起太长的等待。

也经不起奋不顾身的豪赌。

世事总是无常，谁都不能保证谁的幸福，不是吗？

爱到不顾一切的人，
总会在对方的伤害里被撞得头破血流。
生命莫测无常，
爱情的来日，
并不方长。
不是不爱了，
只是爱要有所预见，
有所保留，
才是爱最正确的维度。

付出一切的爱意情长，刹那间没了落脚之处

爱上时，爱是不顾一切。

不顾一切的付出，以为没有回报，也可以在自己的儿女情长里独自沉醉。

而当那一片泛滥汹涌的儿女情长，占据了一个人所有的心思、信念、时间、身体、情感和灵魂。全部的付出，全身心的关注，整个灵魂的浸入，这样声势浩大的情爱投资，怎么可能心静如水到不求回报？

一场轰轰烈烈的爱的付出，总要得到回应的，总要在投入对方心间一枚爱的石子时，看到片片涟漪泛起，荡漾在彼此爱的互动中。

不顾一切的付出后，收不到对方任何讯息，心便开始惶恐。

于是，付出着，等待着……儿女情长成了生活的全部，期盼回报便成了全部的生活。

太重的付出，太在意的儿女情长，因为赋予了太多期许，最后总会在殷殷期盼中，成了失望……

也许是那个人，觉得爱太重，不知所措；也许是那个人，看不懂对方付出的真心；也许是那个人，没有回报的能力；也许是那个人，只等着接受爱的付出，不愿付出爱的回报；也许是那个人，经年后变了爱的初心……

只知道那个付出一切的人，等来的不是回报，而是无处落脚的情伤……

太多的付出，结局总是残破不堪的……

她在他们的爱情里，一直扮演着一个愿意付出一切的角色。

只是最初她没有想到，这样的角色从始到终都充满着悲剧色彩。

遇见他时，他是一个有着优越条件的男孩儿，那张被无数女人恋慕的犹如梁朝伟的脸，英俊无比。

那时的她，也一样花容月貌，多才多艺，能歌善舞，是学校里的风云人物。而认识他，是她生命中的劫数。

帅哥和美女的相遇，注定会彼此吸引。从走进爱情那一刻起，她就是被动的角色，她本是一个特立独行的女孩儿，可在爱情面前智商为零的她对他言听计从，百依百顺。她以为爱，就是不顾一切地付出一切，那一年的大学校园里到处都可以看到他们的身影。

有时，爱的付出，不一定是对方能感应到的。她认为不顾一切的爱，也许并不是他需要的，更不是他能读懂和珍惜的。她纯粹的爱，那么感天动地，可对于向来就拥有女人缘的他来说，有佳人在侧，不过是寻常事。所以，用全身心的爱投入在一个女人身上，是他不愿意见到的。

他学的专业就是游戏制作，所以他每天都要耗费大把的时间在游戏上，于是她总是安静地待在他的身边，耐心地陪伴着他。

她以为她付出一切的爱，必能换来他不顾一切的回报。

那一天，是他的生日，她穿梭在风雨交加的城市里，跑遍了大大小小的街道，只为给他寻找一份她自以为完美无瑕的生日礼物。

在他生日的宴会上，为了活跃气氛，从不喝酒的她，席间向每一个人豪迈举杯，一口接一口地喝着浓烈的白酒。不胜酒力的她很快便醉意阑珊，不停地咳嗽着，还不忘摇摇晃晃地穿梭在酒桌之间，生怕怠慢了他的每一个朋友。而一旁的他却视若无睹，没有心疼没有怜惜，还一直沉浸在狐朋狗友的欢声笑语之中。

那晚他送她回家，她把自己当作礼物送给了他，因为她知道，那是他一直以来都想要的“礼物”。

那晚之后，她全然把自己放在了为人妻的角色上，给予了他更加无微不至的照顾。每天她会在起床的第一时间，放下自己所有的事情，将早餐送到他的宿舍楼下。原本娇生惯养的他，就不懂得照顾自己，于是每周她都会把他的脏衣服带回去亲手洗干净再送回来。而他，理所当然地享受着她不顾一切的付出，却自私地把所有的时间都放在自己的游戏制作上，对她的一切置若罔闻。

爱情需要技巧，所以，付出也需要分寸，太过浓烈，便失去了被尊重的砝码。

可她，在爱的浓情烈焰里，忘记了爱情也是有法则的。一如既往地，她还是那样迁就着他，不管什么时候都细心体贴地照顾着他，忘记了自己的生活和梦想的初心。

那年冬天，她第一次尝到了爱情的伤痛。

那年的冬天特别冷，寒风萧瑟，她患了感冒。这一天，她还是一如既往冒着感冒打算去给他送早餐，走到宿舍楼下，她不禁打了一个寒战，整整一夜的大雪，为整个校园铺上了一层雪白的银装。

她站在风中给他打电话，凛冽的寒风吹过脸颊，却吹不息她狂热到无可救药的爱。电话一遍又一遍地拨着，却一直是无人接听，她捧着早餐盒的双手冻得通红。不知为什么，突然之间一种不祥的预感袭上心头，就在她转身的刹那，她看到他挽着另一个女孩儿的手，笑容灿烂地从校园的转角处走来，那一刻她呆若木鸡。

本以为自己会转身愤然而去，可一心爱着他的她，还是含泪伫立在原地，听着他明知是谎言的解释。在他的苦苦哀求之下，她选择了原谅。

不顾一切的爱，是一种没有原则和底线的付出，最后只能蹂躏了爱最初的美好。

那一年，他们大学毕业，为了能和他长相厮守，她们在市区租了一套房子，进入了看似和睦美好的二人世界，虽然每个月大部分的工资都用来支付各种生活开支，但是有了一个属于和他的小家，她总觉得幸福无比，每天依旧早早起床，为他做早餐，然后去上班。

他是一个好高骛远的人，总以为未来的事业会顺利地按照他理想中的路线前进。可是，毕业之后辗转找了很多工作，高不成低不就，理想与现实的差距，一度让他的情绪大起大落，抱怨之余便把这种情绪转嫁在她的身上。每一次找工作失意后，他都会对她无端咆哮，她噙着泪看着焦躁不安的他，不顾一切的爱，让她学会了默默承受。

那个时候的他，开始了用酒精麻醉自己的混乱时光，愿意为爱付出一切的她，在每天忙碌颠簸的工作之后，还要照顾一个酗酒宿醉的他。

而她隐忍的爱，却没能换来他的回头是岸。一个雨夜，她牵挂着彻夜未归的他，跑遍整个城市的酒吧寻找他。凌晨时分，在一家酒吧里，她看到他坐在吧台的角落里，搂着一个妖艳妩媚的女人，那不堪的场面，刺痛了她的心，她分明听到心碎的声音，在午夜的空气中回荡……

付出一切的爱意情长，原本以为壮美到足以灿烂一生的初心，却在此时此刻，刹那间便没了落脚之处。

这个世界，爱情如世事，总会风云变幻，有时，爱着爱着，付出一切的儿女情长，经年之后，有人却先行离开了。

说过的此生不渝，刹那间没了落脚的地方。那个爱到不顾一切的人，总会在对方的伤害里被撞得头破血流。

生命莫测无常，爱情的来日，并不方长。

不是不爱了，只是爱要有所预见，有所保留，才是爱最正确的维度。

过火的爱里，
是一场没有尽头的错谬，
累了自己，
纵了别人。
爱到过火，
是没有底线的沦陷。
最后，
不过是两处伤神。

爱到过火，是没有底线的沦陷

爱到深处，皆会爱到过火。

爱如潮水，一点点涌来，直到汹涌难耐，推波助澜间，一不小心，逃离理性之外，就爱到过了火。

爱的火候，在爱到智商为零时，已失去控制。爱变得盲目而没有原则，仿佛只要够爱，爱情的魔力便可以让人上天入地。

给你、给你、给你……给了所有，还是觉得给得不够，跟随着那个人的感受，似乎世界也随之转动，似乎全部的身心已为之倾付，似乎只有耗尽爱，爱才更彻底，才可以惊艳整个时光……

本以为感天动地间，爱就可以这样华美绽放。本以为那个人，有一天会感动，会在满溢而出的爱里，回应着更热烈的爱。

可是，情若太过火，只会娇溺了放纵的人；情若太迫切，只会滋长了无视的心。

给得越多，越觉得不够；给得越多，要得也越多……过火的爱里，是一场没有尽头的错谬，累了自己，纵了别人。

爱到过火，是没有底线的沦陷。

最后，不过是两处伤神。

没有一场如火的恋爱，人生等于虚度一样。

这是她的爱情宣言。

所以，爱情在她的身上，注定是燃烧。

随着命中注定的那个男人的出现，她“不可理喻”的爱也在人生中粉墨登场。

爱情本该势均力敌，是彼此都参与的互动游戏。一旦一方玩命地付出，一方淡定地接受，爱就失去了平衡存在的稳定性。

于是，爱上他后，她便仿佛开着一架不稳定的飞机，跌跌撞撞地飞在高空，永远没有着陆的踏实感。只是爱上时，爱情的盲目让她无暇思考太多。

那时，为了遇到每天坚持晨起跑步的他，她舍弃了清晨难得的休息时间，每天都是第一个起床，精心地梳洗打扮之后，便风风火火地顶着一头只为他留的长发，健步如飞地跑了出去。

南方夏天的校园，虽是清晨，却燥热难耐，她一边跑一边挥汗如雨地寻找着他的身影，仿佛这一生就是为了穿越时空觅他而来。

整整一个夏天，她如影随形地追了他一个夏天，能被一个女人这样不计一切地爱着，他也乐得其所，于是他答应做她的男朋友。

她欣喜若狂，从此之后，她的眼里再无别人，疯狂的她像一只扑火的飞蛾，所有人都看得出来，她爱他，比他爱她要多得多。

为了他，她放弃了自己的时间和爱好，学会了早起、做饭，洗衣服，俨然把自己变成了“为他而活”的样子，投入到了妻子的角色里。她不知道他是否需要她成为这样的角色，她只知道她愿意为他进入这样的角色。过火的爱，燃烧的，不过是自己一厢情愿的感觉而已，只是奋不顾身的那个人，在盲目的爱中模糊了事情的真相。

为了他，她学会了妥协，曾经的倔强高傲，在燃烧的爱里突然失去了棱角。经常看到她扯着他的衣袖，低眉顺眼地说着我错了。爱，有时在不经意间，突然就让人忘记了自己，仿佛这个世界所有的存在，都为他而生。

朋友们劝她：“爱一个人没错，可是能不能保留一点自我？”

她一副爱到壮烈的表情：“爱了，就是要全心全意，奋不顾身，不是吗？”

说这话的时候，她还不知道，爱到过火，爱到没有自我，爱终将在失衡的摇摆里各奔东西，爱也终将在疯狂的燃烧里面目全非。

校园爱情，逃不开毕业的命运。那一年，他先毕业了，来到了一线城市，进入一家外企做技术工作，而她还没有毕业。于是，她的爱情世界里，多了一抹“异地恋”的辛酸。

还在校园的她，以为她们的爱情，还停留在校园的纯情时刻。而原本被动着在她的爱里无谓的他，加之此时进入社会后在观念上发生了一些变化，他逐渐开始抱怨她不懂他。

很快，随之而来的是频频爆发的矛盾。每次争吵时，她总是那个不知所措地掉着眼泪不断道歉的角色，可她心里却是委屈而不情愿的。自己是那样死心塌地地爱着他，生活的所有重心几乎全部倾向于他，她用耗尽心血的力量不遗余力地爱他，而他却从不肯为她妥协一步。

有时，她的哽咽，也曾让他心软，那一刻，她便觉得这已是爱情给她最大的奖赏。

但不管怎么样，她终于熬到了毕业。其实一直以来，冰雪聪明的她都是学校里的学霸级人物，所以就在毕业之际，校领导找她谈话，希望她可以参加保研竞选，这对于她来说，是个千载难逢的好机会。

可那时的她，满脑子都是飞奔到他身边和他朝夕厮磨的美好憧憬，她以为只要够爱，就可以红尘不负，只要有爱，一切都是身外之物。

只怪那时太年轻，满心都是爱的幻梦，她不知道，为爱放弃一切，爱会随之变得更加脆弱不堪，风雨飘摇，一触即倒……

她还是义无反顾地放弃学校的保研机会，奔向了他所在的城市，她以为如愿地来到了自己爱人的身边，一切就会现世安稳。

不知是否真的会现世安稳，只是现在的她，打理着他在繁忙工作节奏中的日常琐碎，乐此不疲。原本她也是在父母娇生惯养的手心里长大的，可现在的她，学会了为他洗衣做羹汤。尤其是每天晚上，她都会把他第二天要穿的衬衣，一遍遍用手搓洗，她知道这个年代已经没有人手洗衣服，她知道洗衣粉接触多了会伤手，可是她还是坚持着手洗他的每一件衬衣，洗完后用电吹风吹干，然后熨烫得没有一丝褶皱。她虔诚地做着这样的事情，仿佛成为他的贤妻，是她本该做的事情。

那段时间，她关闭了所有和自己有关的生活程序，她不买衣服，不买化妆品。她发誓要为他攒够创业的资金，她甚至忘记了朋友的联系方式；忘记了商场的门开在哪个方向；忘记了自己那么美的青春年华，可以去承载更多的梦想……

她更忘记了，爱到失去自我，爱到过火，最后燃烧殆尽的，只有自己……

无独有偶，两年后，凭借自己踏实认真的表现，公司打算晋升她做主管，但需要调到子公司，那里离他们生活的城市相隔甚远，公司希望她去那里积累管理经验后再调回总部。

面对这样的机会，她犹豫不决，朋友们都说这是个绝佳的好机会，一旦错过便很难再遇到。

她也知道这样的机会难能可贵，对于未来的工作经验有很大的帮助。但是，他不希望她去，因为他希望她把重心放在照顾他的生活上。看到她的犹豫，他答应她，将来一定创造足够的物质条件撑起她的未来。

她天真地信以为真，决定为他牺牲自己的未来。她却不知道，这个世上最不靠谱的承诺就是：当你为他放弃一切时，他信誓旦旦地说他会为你的未来负责。

时光荏苒，爱也荏苒。又一个两年过去了，她没等到他们的未来，而他在被公司派到美国荣升为经理的半年后，和她提出了分手，理由是：差距太大，没有共同语言。

她的世界坍塌了。“为什么我付出了那么多换来这样的结果？”“我付出了学业、青春、事业、机会、心血、时间、精力……为什么会这样？”“他凭什么跟我分手，我为他做了那么多。”“他说不爱就不爱，凭什么啊？这么多年他为我做了什么？”“我爱他那么深，他为什么要这样对我？”……

无数个在心底嘶吼而出的为什么，换不回的，是被她过火的爱骄纵到为所欲为的心……

但愿这千万次的问，能唤醒和抚慰她被爱迷惑又摧残的心。

也许爱上的那一刻，没有谁能控制得住如火蔓延的燃烧，没有谁能用理智压得住沸腾到热浪四溅的浓情。

只是，在爱情里，两个人的角色从一开始便应该是势均力敌。让步和牺牲需要在一个不卑不亢的平衡点上，让对方在被关注的同时，能够瞥见你在孤独的付出里，发自内心的需要。

爱情，原本是一场互动的游戏，彼此参与，爱情的世界才不会太过萧条，你投之以木桃，我报之以琼瑶，你来我往的爱情，才显得热闹有趣。

一个人的燃烧，只会灼伤自己，两个人的燃烧，却可以如火如荼……

CHAPTER 4

我在我的风景里，
装饰了我们春暖花开的爱情

我在桥上看风景，看风景的人在身后看我，明月装饰了我的窗，我装饰了别人的梦。

最美的爱情，不是谁为谁倾注一切，最美的爱情，是让自己变得更好，让彼此变得更好。

你自开成花，自成风景，他便闻香而来，踏春而至，爱不是侵入他的世界，而是在自己盛开的风景里，吸引着他顾盼而来，投入到自成一色的情境里，用欣赏崇拜，却又不黏腻的目光，开始一段各自安好却又惺惺相惜的情感。

然后，彼此带着各自的美好，执手相看，相视而笑。

他依然做他的旷世明主，她依然做她的绝代佳人，江山美人两厢安好。

各自绽放，又彼此温暖，是爱情最美的盛开。

为别人开的花，
终究不是自己的颜色。
你在自己的世界里，
站成一棵树，
以不攀附不依赖的姿态。
因为取悦，
不如吸引。
自开成花，
便有人跋山涉水而来，
只为你傲世独立的盛开，
足以温暖彼此的世界。

自开成花，他必跋山涉水而来

爱的最初，以为爱情就是在对方的世界里寻寻觅觅。

寻得了安稳，寻得了欢喜，便是最美的爱情。

为悦己者容，为悦己者欢，为悦己者喜，为悦己者悲，为悦己者开……仿佛世间所有的存在，都为悦己者生。

以色事君者短，以才事君者久。悦己者眼里，声色美颜，不过是开了又开的花，开过之后，繁华落尽，便是颜色尽失。那曾经绚烂了眼眸的盛开，不过是一时欢好。

只为取悦而来，于悦己者，你不过是粉墨登场又黯然退场的玩偶，来来去去终是无足轻重。

回眸望去，来时路，以为爱只要汹涌着侵入，彼此的世界便亮烈如光、温暖相依。

时光为证，爱，在自我营造的幻境中毁灭。

为别人开的花，终会在别人的去留无意里凋零，落花流水，零落成殇。为别人开的花，终究不是自己的颜色。

顿悟了很久之后，爱转向了自己的世界。那个人忽然看到了你坚定的背影，从他的世界抽身而去，有些不知所措，你装作若无其事，内心知道这是成功的第一步。

你在自己的世界里，站成一棵树，以不攀附不依赖的姿态，丰盈着诗和远方……经年之后，满树繁花盛开，花香四溢，你站在树下，引颈高歌，策马扬鞭，呼风唤雨，就算风雨飘摇，也能独自对抗……

你在自己盛开的繁盛里，成了最独特的风景，你站在树下看风景，看风景的人在身后看你，明月装饰了你的窗，你装饰了别人的梦。

闻香而来，踏雪寻梅，身后那个人顾盼而至，用崇拜的眼神，望向你坚立挺拔的背，决意与你惺惺相惜。

取悦，不如吸引。

自开成花，便有人跋山涉水而来，只为你傲世独立的盛开，足以温暖彼此的世界……

那年，她年华锦绣，开始了一段只为他盛开的爱情。

她是这座城里的才女，画得一手好画，写得一手好文章，本以为纸上的洒脱，笔下的舒朗，会成为她生活的写照。而遭遇爱情后，她便沦为人世间千万女子中的那一个，惶惑而脆弱。

和他在一起的日子，她不再是那个洒脱自如的才女，她越是想要以取悦他的方式，来展示最好的自己，却越是拘谨而手足无措，于是，在爱情面前，她被掩埋了本该有的光彩。

都说真正的爱情，会让一个人变得更好。可在爱情面前，她忘记了只有让自己变得更好，才能吸引他的眼光，坚定爱情的基础。她以为，从自己的世界走进他的世界；忘记自己的世界来到他的世界，就是爱的最好方式。

只是，当时的她不知道，自己盛开如花的时候，他自会闻香而至；只是，当时的她不知道，在爱里取悦，不如吸引。

爱到情浓，她总会依偎在他的怀里，傻傻地问着爱会不会永远，傻傻地说着没有他的世界，爱就是荒原。

在爱里忘了自己，她不再高贵如初，也突然间失去了安全感，总在担心爱的未来，不会永远。承诺问了千遍万遍，可她还是要他千遍万遍地回答。

他也像所有陷入热恋中的男子一样，在爱里许下诺言，以为说着浪漫的情事，就可以爱得简单。

可是，一辈子很长。

岁岁月月，朝朝暮暮，现实无意间磨蚀了誓言。

她以为她从自己的世界，走进他的世界，他们就成了同一个世界的人，爱情也会成为岁月的注脚，把彼此留在两个人的世界里，从此不再离开。而天下大多数的爱情，在如火如荼的热恋期后，都会在现实中现出原形。她的世界里全是他，没有自己的世界，依偎得太紧的两个人，总会在摩擦中磕碰到遍体鳞伤。

他们开始争吵，有时只是为了一件小事，也许爱之深才会心思细腻吧。有时只是因为没有感受到他温柔的抚慰，她就会无端地猜想，难道他不爱我了吗?

仿佛他爱不爱她，就是她整个生命的支点，一旦坍塌，人生的构架就不复存在。

她不知道出了什么问题，错爱好像恶性循环一般，他们为各种各样的事情争吵、和好、和好、争吵。终于有一天，他满眼忧郁地看着她提出了分手，他说不知道为了什么，感觉和她在一起的日子，越来越不快乐了。

她泪如雨下。到底是她错了，还是爱错啦?

分手的那夜，她无助而绝望地看着他，心灵空洞无比，仿佛攀缘在枝蔓上的菟丝花，忽然被剥离了枝蔓，只剩残枝败叶在风中飘摇。她知道，从此，生活中不再有他，从二人世界中分离出来后，没有他的日子，她形单影只，不知道生活该如何继续。

好像眷恋最后的时光一样，她一遍遍地求他，不要离开她。

他一副去意已决的样子，丝毫不为她的祈求所动，仿佛这些年所有的爱恋，在分手的这一刻已经彻底灰飞烟灭。她本以为爱情，在她走出自己的世界，进入他的世界那一刻，就是两个人一个世界的地久天长。可没想到，他从他们的世界走了出来，两个人的世界成了她一个人填补不了的寂寥，而她也已然丢了自己的世界。

为了爱，没有自己的世界，没有自己的风景，没有自己的盛开，最终还是换不来长久的情感。

爱，本该是各自盛开，并肩而立。

多么痛的领悟。

两个人的世界，终究还是散了。刚分开的那段时间，她孤单地生活着。她忘不了他，那个在她生命中流连戏蝶般来了又去的男人和爱情。她变得郁郁寡欢，因为恋爱时，她的生活里只有他，没有朋友，没有工作，所以爱情离去时，她变得一无所有。

也许是心情决定状态吧，失恋后她的厄运接踵而来。先是工作的公司破产了，她被迫下岗回家。那一段时间，她为了找工作，奔波在城里的大街小巷。

三个月后，工作没找到，她又病倒了，确诊为肠癌，做手术需要一大笔钱，她那时贫穷得一无所有。

那段时间她是怎样熬过来的，没有人知道。她只知道在最难的时候，她都是靠着自己一点点扛了过来。

记得做完手术养好身体后，大病初愈的她宛若重生，她告诉自己，以后的人生一切都要靠着自己重新开始。

为了快速融入社会，她进入一家文化公司，做起了业务员。曾经才华横溢的女子，开始顶着烈日寒暑，在人流沸腾的城市里一个人跑前跑后地做销售。她脸上的神情坚定，她不再抱怨命运，不再依赖别人。也许当一个女人自己站成一棵树、站成一座山时，就是最好的风景。

两年后，原本聪颖多才的她，加上勤奋刻苦，她的事业一路高歌猛进，成了公司里举足轻重的艺术设计部经理。她工作干练自信，深得老板的赏识和同事的信赖，随着工作的发展，她的朋友圈子也在不断扩大。

如今的她，是一树盛开的花，开出了属于自己的颜色，风姿绰约。

一天，她带着下属出去谈合作。走进约定好的酒店里时，她看到了那个合作公司的法人，原来是他，他们几乎同时认出了对方。他大吃一惊，几乎没有认出眼前自信美丽的她，而此刻的她平静如水，已经没有了多年前的惶恐和悸动。

既定的工作谈判后，他约她一起吃饭。席间他们聊了很多，得知分手后她经历了那么多波折，看着眼前坚毅独立的她，他看到了她的变化，以前那个依赖黏人的女孩，俨然已经蜕变成了今天傲然自信的女人。

他忽然发现，这次他居然真正地情不自禁地爱上了这个在自己的世界里优雅盛开的女子。

他告诉她，他要重新追回她，上一次是她用热情俘虏了他，他是被动的。而这一次，自己却是被她深深地吸引着，想要走近她，和她一起在各自的盛开里，并肩而立，温暖彼此的世界。

听着他的告白，她忽然看到，那个找回自己的女子，在风中，优雅地绽放着属于自己的魅力……

爱，不是从自己的世界里出来，侵入他的世界。

爱，是在自己的世界里，自开成花，他必跋山涉水，只为觅你而来……

他们的爱，
一个累了，
一个痛了，
再也没有了留下的理由。
乞讨来的爱，
总是疲倦而卑微的。
如果可以，
不再索要，
爱，
会不会无比傲娇？

讨来的爱有多卑微，吸引来的爱就有多傲娇

爱的最初，他们仿佛是爱的乞讨者。

给我爱，给我爱，给我爱……给我爱，成了桎梏爱情自由的魔咒，念着念着，心就像是缠绕了一层又一层的铁丝网，牢牢捆扎着心灵，爱变得窒息难耐，有了想逃离的冲动。

不，你不能走，那么深的爱，那么真的付出，说好的要把一生最好的给我，我固守着曾经甜蜜到心醉的承诺，我喝了你给我斟满诺言的酒杯，就在我醉意阑珊，贪婪地等着你给我你说好的一切的时候，你却要离开了。

你说你倦了累了，我的乞讨声像是唐僧口里的魔咒，一声声成了你头顶的金箍儿，勒痛了你的神经，于是你的爱变得麻木……

而我，我像个乞丐一样等着你，等着你施舍给我爱，可是，你却说你，再也给不动了。

他们的爱，一个累了，一个痛了，再也没有了留下的理由。

乞讨来的爱，总是疲倦而卑微的。

如果可以，不再索要。

如果可以，你是你的，我是我的，我们的，是我们的。

如果可以，放彼此自由，在自由里结伴飞翔。

爱，会不会飞得更远？

爱，会不会无比傲娇？

他与她青梅竹马。

8岁，他们是好玩伴。在他眼里，她是一朵娇柔的花骨朵儿，需要他不断地，用呵护的爱去滋润。

9岁，他们在一个学校读书，她受了委屈会去找他，再没同学敢欺负她。那时，在她的眼里，他瘦小的身板是一座伟岸的山，可以为她挡风遮雨，可以让她的每一天安之若素。

18岁，他们相约考入同一所大学，每天形影相随，一起上课，一起去学校食堂吃饭，一起去图书馆看书，一起手牵手在落满枫叶的校园小径散步。每当心情低落时，她都会去找他，他成了她生命的全部。仿佛只要有他在身边，她就可以一直安然无恙地幸福下去。

19岁，他对她说，做我的女朋友吧。她扬起期待已久的眸子，热泪盈眶地望着他点头，感觉很幸福。

20岁，确立关系的他们爱得如火如荼，恋爱开始的时候，总是美得浓情蜜意，仿佛彼此的样子，飘飘洒洒间尽是风情。她对他说，我要你把你的一切都给我，我要你带着你的全世界陪我走。他点着头答应，以为一句承诺，就可以抵御残酷现实里的一切疾风骤雨。

只是，一辈子太长了，承诺在一辈子面前，显得渺小而不堪一击。

他以为自己习惯了她的依赖，习惯了她的黏腻，习惯了她的需要，习惯了给她有求必应的生活。渐渐地，他发现，她要着要着，成了他的负担，他给着给着，也有给累的时候。

她要他在自己需要的时候，马上出现在她的身边陪伴，可他不是宅急送，不能保证永远在第一时间赶到她的身边；她要他以她的事情为重，如果她有事情需要他出面，他必须放下自己所有的事情，专程为她的事情而来，可他不是她的天使，不能保证自己二十四小时展翅飞翔在她的身边；她要他把全部的感情都投注在她的身上，她要她成为他情感世界的唯一，可他不是孑然一身在这个世界，他有朋友亲人，他也需要其他的情感世界；她要他……

这样的爱情，也许爱的最初就是个错误。她一直在要，要他保护，要他陪伴，要他安慰，要他给予……

爱情，若只如初见，该有多好。

可是爱情，终归要在日日打磨的现实里大浪淘沙。缠磨乞讨来的爱，也终归要在求而不得中绝望毁灭，在身心俱疲的给予中粉碎消融……

给我、给我、给我……说好的给我一切，难道你忘了吗？

不，我累了，你一声声爱的乞讨，就像是一声声紧箍咒，我已爱到麻木……

23岁，他们分手了。她流泪问他：你真的舍得离开我吗？他似有所恋地看着她，有点无奈。她又问：和我在一起，你真的厌倦了吗？他淡淡地答：我以为给你要的全部，是我的快乐，可给着给着，我累了，请让我回到自己的世界，也请你把自己的世界找回来，也许这对我们来说是最好的方式。

她一直以为，声声索要，就是爱的声声浓情，要着要着，便把他们的世界，要在了一起。

可是，她知道，她错了，索要来的爱，总是让对方疲惫，也让自己卑微。

25岁，她蜕变成蝶，成了当红的女演员，他也在一家公司做了总监。这些年，没有了彼此的束缚，他们在各自的世界里成长。

他一直没有恋爱，每次路过他们曾经走过的地方，都会想起她，在心里，他一直在等她。

她谈了一场又一场恋爱，总是找不到感觉，每次分手时，她都会想起他。

26岁，她结婚，只是觉得想要停下流浪的脚步，找一个家。她出演的电视剧，他有时间总会看，他看着电视剧里的她，慢慢成长为自立的女子。她事业很好，婚姻却一直不如意，丈夫像极了当年的她，总是对她有着没完没了的要求和索取。有一次，他们吵架，丈夫抱怨她总是不能给予他想要的一切，看着丈夫，她忽然仿佛看到了多年前的自己。

感同身受间骤然明白，当年的自己，就是这样摧残了他的心，磨累了他的爱。

不知为什么，想起他，眼泪忽然落下来。

29岁，她离婚。

31岁那年，他辗转找到她的联系方式，犹豫很久打了过去，此时已是分手10年。10年，很多事情都不一样了，他们的爱情也蜕变重生。

她与他见面，往事历历在目，两个人用了10年的青春，兜兜转转又回到了起点。

她说，她不再索要，她已然明白：爱是在彼此的自由里，结伴飞翔。

他看着此刻的她，这么多年，他发现自己第一次，被她深深地吸引……

爱是世间最高深莫测的东西。越是迫不及待，越是事与愿违；越是声声索要，越是步步背离；越是努力靠近，越是莫名躲闪……

就像是春风十里，柳絮飞来，一簇簇粘在身上，仿佛在索要着那一方温暖的注脚。看到的人，总会厌倦地弹走，久而久之，变成了碍眼的烦扰。

就像是冬日凛冽，一枝梅花，傲立雪中，带着几许冰洁，在自己的世界里，绽放着属于自己的风骨和颜色，仿佛世间就算只剩它自己，也可以清雅安恬地绽放着。

那个路过的人，总会带着惺惺相惜的目光，吸引着走进她，和她在各自精彩的世界里，并肩而立，彼此欢好。

讨来的爱有多卑微，吸引来的爱就有多傲娇。

爱得太深，
容易成狂；
黏得太久，
容易成伤。
就像两只靠得太近的刺猬，
彼此取暖，
又彼此刺痛。
于是，
彼此厌倦，
又彼此背离。

黏得太久，就成了一抹碍眼的蚊子血

爱，可以是胸口的朱砂痣，也可以是墙上的一抹蚊子血。

那一眼，他们各自宛在水中央，那么缥缈，那么神秘，穿过萋萋汀草，一眼望去，那身影，仿佛一世千万次的凝眸之后，只为彼此驻留的等待。

那时，他们脱俗独立，不惹俗世，临水而居，与白云清风为伴，与花草树木为邻，在那片自己的天地里，他们是自己的风景，绚烂了自己，也照亮了彼此。

没有谁能在遇见让自己春心摇曳的人时忍住那份悸动。于是，他们寻光而至，他们不再是隔水而居的迷离爱恋，他们不再是精神世界的深情凝望，他们漂洋过海，来到彼此的身边，进入彼此的世界，本以为是天定良缘。

本以为，从此黏在一起，成为一个世界的两个人，就是爱最好的承诺。

可爱情，不是水中央，爱情，是现实的城堡，是没进来之前想进来，进来后又想冲出去的围城。

黏得那么近，就看得太清。曾经那个衣襟飘飘，素雅安恬的女子，不知道什么时候，成了不拘小节，蓬头垢面的俗妇；曾经那个青青子衿悠悠我心的男子，不知道什么时候，成了不修边幅，胡子拉碴的俗男。

黏得那么近，就没有了神秘感。在水一方时，她是他眼里轻盈起舞的精灵，罩一层轻纱，圣洁得仿佛天山上傲然盛开的雪莲，一颦一笑都是那么的飘逸出尘。如今，她还是她，只是再也没有了隔岸舞动的优雅身姿，有的是在他的身边指指点点、絮絮叨叨、没完没了的生活琐碎。

黏得那么近，就没有了距离美。曾经，她望向他，本以为得到他，就是得到了全世界，她也愿意为他放弃全世界，只要有他，一生就够了。如今，她只要一回过头，就能看见他，每天的生活都是他，她忽然觉得那么熟悉的他，不再美好如初，只有他的全世界，也不再温暖如初。

爱得太深，容易成狂；黏得太久，容易成伤。就像两只靠得太近的刺猬，彼此取暖，又彼此刺痛。

于是，彼此厌倦，又彼此背离。

男孩儿爱上女孩儿时，女孩儿本是无动于衷的。那时的她，在他的眼里，美得像是远远盛开在雪山上的雪莲花，傲然独立地开在距离他那么遥远的地方，他想要靠近她，却是那么遥不可及。

爱情绝对不会满足于仅仅只是远远地观望，爱情是一旦爱了，就要迫不及待地得到。于是，在男孩儿的甜蜜轰炸下，女孩儿原本矜持的防线瞬间倒塌，两人火热地走到一起。

相爱的最初，总是美好的，那萌芽般爱的新鲜感就是爱最坚实的动力，于是爱一点点堆积成浓烈的色彩。情到深处时，她深情望着他说："我们两个要天天黏在一起，一刻都不分开。"

那时的他似乎也很享受这种感觉，以为爱就是久久相黏。

一年的浓情蜜意，浓郁热烈的爱渐渐趋于平淡。

慢慢地，她发现，他对她不再宠爱如初。有时，她会在他的手机里发现他发给其他女孩儿的暧昧短信，言语间颇带关切。她很介意，他的爱只可以留给她，她不允许她的爱情被分割，于是她一次又一次追在他后面问，"她们是你什么人，你干吗要对她们那么好啊？你是我的男朋友，你只可以对我好，只可以和我黏在一起。"

"我也需要自己的生活圈子，我的世界不可能只有你，你能不能不要跟看犯人似的看着我？我只需要那么一点点属于我的空间，可以吗？"

她的心底，忽然有些惊慌，她看到他，不再像以前一样，那么渴望和她时刻黏在一起，他有了想逃离的感觉。习惯了天天生活里都是他，她真的害怕，害怕他一点点挪开他们曾经紧贴在一起的身心。

那一天，她胃疼，从公司出来时已经痛到无法行走，打电话给他，他只淡淡地回了一句：我很忙，你先让同事送你回家，我忙完马上去看你。

电话挂断的那一瞬间，她发现自己的心在一点点跌入冰窖，曾经紧紧挨在一起温暖彼此的爱意，到底去了哪里？

带着身体的疼痛和心灵的凄楚，她独自回到家。没想到的是，他整晚没回家，电话也关机，她一遍又一遍地给他的朋友打电话，可没有人知道他去了哪里。那一夜，她彻夜未眠，黑暗中，她看到他们的爱，在一点点疏离。

第二天再见到他时，她开始情不自禁地抱着他，她知道她只是害怕曾经整日相守的情意真的淡去，她只是想找回那种在彼此的爱里缠绵贴近不分开的感觉。可是他却不再像以前一样，对她回以更深的拥抱，而是不耐烦地推开她，冷冷地说："至于吗？我有我的工作和应酬，请你给我一点自由，让我有喘口气的空间，好吗？"

她望着他冰冷的脸，不知所措。

几个月后，她发现自己怀孕了。拿着医院的报告单，她很开心，她以为，这是把他拴在身边最好的砝码。可是，当她把这件事告诉他的时候，他说他不想要这个孩子，他说有了孩子，她会变本加厉地霸占他的世界，他不想再拴在她的身边。

他说，他们贴得太紧的爱，让他窒息，让他无法呼吸，只有离开，才是最好的解脱。

那一刻，她欲哭无泪。本以为久久相黏，就会久久相依；

久久相依，就会久久相爱……可是，这个她以为的久久，却没有等到最后。

黏得太久，便不再是胸口耀眼的朱砂痣，而是成了一抹碍眼的蚊子血。

爱最初的光华，是隔岸而望的朦胧中，升腾而起的神秘感，仿佛是一束带有磁场的光，瞬间照亮吸引了彼此的心。

走近你，是爱的必然；靠近你温暖你，是爱的冲动。只是，时而靠近，又不会靠得太近；时而黏腻，又不会黏得太久；时而相拥，又不会依赖纠缠；时而跟随，又不会没有丝毫距离……

爱，不是忘记自己的世界。爱的美好，也不是因为你的样子；还因为，和你在一起时，我的样子。

爱的世界，是我们；爱的世界，也是：我就是我，你就是你。

不是不爱了，不是不能靠近，而是爱，需要不远不近的维度。

靠得太近，
当初彼此心中那么美好温暖的人，
突然看不见了；
看见的，
只有因为靠得太近而看得太清的瑕疵。
爱，
在没有分寸的靠近里，
把最初的美好，
侵蚀……

靠得太近，就成了一粒甩不掉的饭黏子

爱，可以是窗前的一道白月光，也可以是衣服上的一粒饭黏子。

那些年，走过万水千山，经历过很多事，遇到过很多人，幻想过无数次爱情的模样，憧憬过无数次邂逅爱情时的怦然心动……只为把心腾出一片空间，给等待的那个人预留。

幻想是最美丽的召唤，那个人似乎听到了他的心声，猝不及防间，闯进了他的眼里。等待了多年的那个人，突然在现实中幻化成真，他分明看到一道白月光，划破时空穿越而来，投影在窗前，照亮了心中预留已久的空间。

那是一道最明艳的白月光，美得有些遥不可及，仿佛只要得到了，爱的每一天都将是“窗前明月光”。那个现在还不属于他的人，那身影，那姿态，那模样，在还没有靠近的空间里，显得那么美好而温暖。

爱是最强的磁场，爱上时，他们仿佛赶赴一场前世的约定一般，拨开一切障碍，为你穿山越岭而来，迫不及待地靠近彼此，以为近在咫尺的爱，就此便牢牢握在掌心。

靠近、靠近、靠近……爱是不断地靠近，一点点走近那个人，看着那个人的音容笑貌，手拂过脸颊、深情凝视、相拥入怀……

爱在靠近里开始。

起初，人间好时节，花前月下，秋波流转，爱情无恙……

人生若只如初见，那时的爱情，新鲜得让彼此满心好奇感，不断地在靠近中，一点点了解那个相爱的人，每一处曾经不了解现在又迫不及待想了解的一切。

那时的爱，真是百看不厌。

吸引彼此的陌路，渐渐成了太过了解的熟悉。

靠得太近的熟悉，忽然不知道从什么时候开始，成了厌倦。

那个只为他精心装扮的发丝如云、俏脸羞涩的小女子，在他看了很久的目光里，突然变成了不施粉黛无心梳妆的模样；那个只为她保持俊朗身形、浑身文艺气质的帅男，在她凝望了很久的目光里，忽然变成了不修边幅的邋遢样子。

那个身影如画、安静地坐在灯影下看书画画的女子，在他靠得太近的凝望里，突然变成了趿拉着拖鞋披散着头发满屋子边找东西边咆哮的形象；那个高大英俊、绅士地拿着外套披在她身上的暖男，在她靠得太近的凝望里，突然变成了自顾自玩着手机头都不抬一下的形象。

靠得太近，当初彼此心中那么美好温暖的人，突然看不见了。
看见的，只有因为靠得太近而看得太清的瑕疵。
爱，在没有分寸的靠近里，把最初的美好，侵蚀……

爱情到来的时候，是一阵龙卷风，突然就把两个远远相望、不断试探、不断想要靠近彼此的人，紧紧地卷在了一起。

他爱上她的时候，他们正在盛年，青春年华正好，所以那时的爱，有些胆怯，有些畏缩，还有些冲动。

因为她是一个优秀得让他望而却步的女孩儿。她出身书香门第，再加上天生清丽脱俗，本身就是一个发光体。这样的女孩儿怎么会不招人喜欢，这样的女孩儿，身边怎么会缺乏追求者。就是这样的女孩儿，他看到的第一眼，就开始了沦陷，他知道自己无可救药地爱上了她。

那时的她，就是他心里的一道白月光，是他在水一方的伊人，仿佛只可远观而不可亵玩。起初，那是一段只有他自己在心里沸腾成海的暗恋，她那么美好那么优秀，他不敢靠近，就算远远地看着她，也是最大的幸福。

那时的她，在他眼里是天底下最好的女子。

可爱情，不是柏拉图式的精神恋爱。爱，就是想要不断靠近的情意缠绵。

爱的不断堆积，终有一天会满溢心头，终有一天会不满足观望，终有一天会跨出柏拉图式的漫漫探索，一步步情不自禁地走向那个在他心里早已被想念了无数次的人。

他开始一点点出现在她的视野，一开始她从未注意他的存在，他知道她身边的追求者太多，他必须要让自己变得不一样，才能让她印象深刻。

那段时间，他绞尽脑汁，不断制造策划着各种浪漫的邂逅，只要能博得美人心，他愿意倾尽所有。功夫不负有心人，她开始注意到他，看到了他的用心良苦。

那一次，在他紧张的表白下，她点头答应做他的女朋友。

他的爱，终于得到了她的回应，他欣喜若狂，无数个日夜的思念，无数个默默的观望，终于有了走近她的机会。

爱情，来得太突然，让他受宠若惊。那时的他是那么迷恋她，就像捧着一块水晶一般，小心翼翼地呵护着她。他希望未来每一天的日子，都可以和他黏在一起，紧紧靠着彼此，一刻都不分开。

一刻都不分开，这是爱的最初最幼稚的念头。爱到浓时，这也许是最美丽的存在，但是当爱的激情慢慢消退，永不分开，就会慢慢沦为厌倦。

只是当时爱到以为爱就是一切的他，并不知道这个道理。以为这种亲密无间，就是让爱升华的最好温度。

爱在浓郁时，如胶似漆似乎就是那么理所当然。无论他在哪里，在做什么，她随时会打来电话，问候他的情况。他们的世界，仿佛两个复制在一起的人，密不可分。

不久后，他们结了婚。那个他追逐了许久的女子，变成了老婆，身份变了。男人追逐爱情，要的是征服欲，而征服后得到的猎物，就成了习以为常。

女人和男人，必然是来自不同星球的生物。他的新鲜感变了，她的习惯却没有变，她依然随时给他打电话，发信息，一如既往地黏着他。

靠得太近，看得太清，爱的神秘感便渐渐褪去。不知道从什么时候开始，他的态度变了，对于她的如胶似漆，他不再那么的渴望，内心萌生的是不耐烦。

她不再是他的白月光，而是一粒他想甩却甩不掉的饭黏子。

终于有一天，靠得太近的爱让他厌倦不堪，他不再按时回家，也不愿意接她的电话。

他们的婚姻，走到了尽头……

爱在卿卿我我里，成了近在咫尺的平淡无奇。

爱情，也需要在不远不近的距离里，休养生息。

爱，不是忘记自己的存在，不是没有尺度地靠近。就像那道白月光，只有远远闪烁着，才会发出只属于自己的独特光芒。

他寻光而至，只为了两个人，并排站在一起，在彼此的世界里，照亮余生……

控制至深的爱，
是喘不过气的窒息，
是转不过身的桎梏，
是飞不过爱情海的疲惫。
爱，
最后只剩下，
挣脱、
推开、
离去……
爱，
终将在控制至深的牢笼里，
叛逆成狂……

控制至深的爱，终将叛逆成狂

爱上时，爱便是握在手里的一根稻草。

一根救命稻草，生怕，稻草没了，爱就消失了。

爱总是递进式的，爱也总是在递进里变质。初爱时，那个人是刚刚在掌心处被轻轻触碰的人，爱那么清新稚嫩，像是春天里吐蕊的第一朵嫩芽，彼此眼里的爱人，美好得仿佛只有小心翼翼才能呵护完好。

爱被捧在掌心，你是我的唯一，我是你的全部，我们在彼此的掌心，守着爱情的阵营。

捧着的爱，忽然有一天，失去了安全感，似乎稍有风吹，草就会摇动。于是，手在恐慌里，一点点合拢，拢起来的，是爱的守护线，似乎就算风来，也不会飘摇欲坠。

此刻，他们在彼此的掌心，轻轻握着，时而甜蜜，时而局促，爱少了自由跳跃的空间，却也能在轻握中，相安无事。

爱走着走着，轻握，似乎已不能让爱情安然无恙，他们生怕握在掌心的那个人，不知哪一天，如流沙般在指缝间溜走，从此无影无踪。

爱到至深，爱是恐慌。

爱到至深，爱是控制。

好像只有步步紧逼，才能步步为营。

于是，轻握的掌心，一点点攥紧、攥紧、攥紧……

以为只有在不断的攥紧里，那个想要挽留到天长地久的人，才会在彼此的爱情里，驻足成为不变的缠绵。

爱不怕偶尔的疏离，爱最怕没有安全感。失去安全感的爱，变得极端而偏执。

偏执到以为，爱越控制，越牢固。

只是那份用心良苦的控制，没有给那个人一片自由的天，没有给爱情一个温暖的城，没有等到那份自以为坚不可摧的牢固。

最后，是喘不过气的窒息，是转不过身的桎梏，是飞不过爱情海的疲惫……

爱，最后只剩下，挣脱、推开、离去……

爱，终将在控制至深的牢笼里，叛逆成狂……

爱的控制欲，总是在爱的路上，越走越步步紧逼。

他爱上她时，本以为只要有爱，只要在一起，每天都是幸福。

可很多时候，爱就是越看越紧，爱得越深，控制欲越强。

他是个天才小说家，她是他的小迷妹，看过他的小说后，她就喜欢上他。他曾经无数次在自己的小说中，憧憬过那种一见钟情时心如被电击中的麻酥感。而当这个一脸痴迷、满眼崇拜的小女生，有一天突然出现在他的现实生活，那种小说中曾经被勾勒的画面，突然被唤醒，他瞬间找到了爱的感觉。

恋爱开始的时候，起初他感觉一切美好得如梦如幻，甜蜜而不真实。从陌生到相爱相守，原本在彼此的世界外观望的两个人，从此每天出现在近在咫尺的视线中。

渐渐靠近的爱，让他们在每天的朝夕相处中快乐无比。

爱的甜蜜终会在激情燃烧的余温后褪去。爱渐渐在现实中露出端倪，曾经那个仰起脸看着自己便一脸幸福与满足的女孩儿，忽然在爱到情浓时，变成了欲求不满便满脸阴郁的爱情角色。本以为，那个虔诚崇拜的眼神，会一直追随着他的意愿，在他的掌控里，心甘情愿地以恋慕者的形象，存在于他的身边。

而她，当初那么甜蜜地跳跃在他的掌心，像一朵甘愿被他采摘于手的花朵，感受着他手心的温度，她便心醉不已。随着一天天的爱如潮水，她感觉他的手在一点点合拢，她知道他像是擒拿一只猎物一样，想要牢牢桎梏着自己。而爱到情浓时的她，却也那么乐得其所地被他攥紧，以为这种被控制的安全感，是彼此都需要的心灵慰藉。

控制是一种会上瘾的欲望，让人欲罢不能。他对她的控制，从每天的生活点滴，渐渐延伸到了企图控制她的言行和思想。

相爱的那段时间，他的事业如日中天，原本才华横溢的他，加上一直以来就喜欢文学，他很快就成为业内知名畅销书作家。

一直以来的自信，让他很清楚自己要成为什么样的人；一直以来的不甘示弱，让他做任何事情都会比别人努力百倍。每一部文学作品，他都是浸润着全部的身心和情感去创作，于是每一部作品的诞生，也都是一次华丽的登场。

而她，许久以来，都是停留在他的手心里，看着他在精彩里成长。

恋慕，渐渐变成卑微。她越来越觉得，她跟不上他的脚步。

而随着名气越来越大，他的控制欲也越来越强烈。

她一直以来的妥协形象，对他而言，已经慢慢成为习以为常的满足感，这更加重了他的控制欲望。仿佛他们爱情里的一切，都应该在他的指挥之下，而她存在的方式，就是对他言听计从。

被控制的人，终将在爱情里失去自己的颜色和风采。

他眼里的她，一天天没有了最初的可爱和美好，他觉得她像是攀附在他身上的菟丝草，除了依赖，别无他长。

对她控制至深，却又嫌弃她不作为。当爱变得扭曲时，爱也会变得无理取闹。

那一天，是他的图书发布会，现场文化名流云集，她盛装而至，本以为可以给他一个惊喜。可当她出现的那一刻，他用轻蔑而挑剔的眼神看着她，在众目睽睽之下，斥责她穿得太过低俗……

那一刻，她感觉自己的尊严，一点点被撕裂、被践踏……她含着泪转身而去。

转身的那一刻，她感觉自己，正在奋力逃离被他控制的掌心。

是的，她要逃离，她要还自己自由。

这一段被控制的爱情关系，他们爱得压抑而扭曲。

她开始在他的控制里，叛逆成狂。

看着她的疏离和挣扎，看着她慢慢远离他们的世界，他终于意识到，应该还她自由了……

很快，他们在各自的自由里，仿佛又回到了最初开始的地方：他们在一片绿草如茵的草地上相遇，柔和的阳光洒满草地，两个相互陌生又彼此吸引的人，在彼此尊重彼此独立的维度里，爱得美好而轻松……

被控制，爱的起初或许是甜蜜。

而控制至久，终将无法呼吸；控制至深，终将叛逆成狂。

爱是摊开掌心，在彼此的世界里挥袖起舞的轻盈。

CHAPTER 5

凋残的伤情后，
看清何处是不曾离去的真心

爱情的世界里来来去去，终究逃不过现实的澄清涤荡。

现实，是一面照妖镜，澄清了真相，涤荡了真心。透过镜子，也总能看清所有的真心假意。

拭去浮华，爱与不爱，一目了然。

那就在弹指一挥间，弹去假意的浮尘，不为不值得的人，流一滴眼泪。

只是回眸间，就会看到，真爱，在不曾离去的真心里，停泊盛开。

一厢情愿的爱，
是自己与另一个自己在爱情光阴里的独白。
一厢情愿的爱，
是独自承欢的冷清，
是没有配角的独角戏，
是一场一个人看过的烟火表演。
一瞬间的烟花绽放后，
是愈见孤寂的心。
如果，
让爱在值得爱的人怀里，
烂漫盛开，
会不会更美……

一厢情愿的爱里，独自承欢的冷清

爱是一场烟火绽放。

有时，只在自己的世界里绽放，那一束束划过天际的光晕，仿佛是在缤纷色彩中炸裂开来的悸动，一瞬间，毫无征兆地在心里升腾而起。

爱情，在那个人出现的瞬间，在独自的烟火表演里，心神摇曳。不确定那个人是否知道，自己已经在自己的世界里，爱得死去活来。

那时，爱情是一个人的事。明明已经爱得心潮澎湃，那个人却浑然不知。

爱在自己的世界里，被酝酿得浓烈而炙热。炙热到稍一触碰，就要蓄势待发。

于是某一天，带着滚烫的爱，对着那个人发起了爱的宣言。

一场不对等的爱，在现实中粉墨登场。

越是浓郁的爱意绵绵，被爱的人越是理所当然。

浓烈的爱，对峙被动的爱，从来就不会势均力敌。

这场爱情的开始，注定是一座失衡的天平。

爱的人，倾尽真心跋涉在彼此爱的路上，以为只要付出着能付出的一切，爱就在盛满浓情蜜意的杯盏里，愈酿愈纯。被爱的人在饮下时，也会升腾起爱的浓情蜜意。

不，那只是一厢情愿的爱，永远点不燃对方的爱，熏不醉对方的心。

一个爱得忘我沉迷，一个爱得风轻云淡；一个爱得忘情投入，一个爱得冷眼旁观。

那个被爱的人，仿佛置身事外一般，冷冷地看着那个爱到痴迷的人，在自我沉醉的独角戏里，痴情着、疯狂着、付出着……

那是一个人的烟火表演，是独自承欢的冷清。

而被爱的那个人，永远都走不进来，永远都看不到。

爱上他时，他是她心中高大伟岸的英雄。当爱在自己的世界里，以崇拜的眼神望向一个人的时候，爱注定是一厢情愿的开始，爱也注定是卑微的。

她爱他深入骨髓，可是他心里没有她，那是一场孤单冷清的付出，是她一个人的独角戏……

大学那年的某天，勤工俭学的她骑着单车穿越城市，赶赴工作的地方，路过一座天桥，桥上人群熙攘，围得水泄不通，好奇的她拨开人群挤到前面，想看个究竟。只见一个男人的背影，半蹲在一个晕厥的人旁边，正在奋力做人工呼吸。

她本来只是想看看热闹，可这个男人宽阔坚实的背影，不知道为什么忽然莫名吸引着他。

这时男人回头冲着人群喊道：谁来帮帮我，我需要一个助手。大家面面相觑，没人愿意过去。她从人群中站出来，走到他前面……

在她笨拙的配合下，他完成了简单的急救，直到救护车赶到。

当他回头看着她，带着满脸闪着微光的汗珠和她说谢谢时，他看到阳光洒在他脸上，映衬着他黑白分明的清澈的眼神，她一下被迷住了。得知被救的人是他上班路上偶遇的陌生人，她瞬间被他见义勇为的英雄气概吸引。

她怀着忐忑的心要了他的联系方式，她知道，自己已经不可救药地喜欢上了他。

爱一旦侵入心底，就会泛滥成狂，失去控制。她知道在爱情里，女人要矜持，可是爱在胸中汹涌难耐，决堤而出，不是她能控制的。

她开始经常以各种理由找他，一向热心的他，看到独自在外求学的她并不容易，便也诸多照顾。在他心里她只是一个可爱乖巧的妹妹，而她却早已爱上了他。

青春时的爱情让人盲目，也让人勇敢。聪明的她知道在他的眼里，自己不是他想要的女孩儿，但是她坚信，只要坚持下去，终会让他爱上她的。

他的心里，一直有另外一个女孩儿。

那个女孩儿是他的初恋，他爱她至深，虽然女孩儿为了虚荣投入别人的怀抱，可他还是放不下她。

日子一天天过去，大学毕业后，她有了稳定的工作，可爱情的稳定感却总是遥不可及。她对他的爱和依赖越来越浓烈，她知道想要走进他的心，有那么难，但是她愿意付出，哪怕只是一厢情愿的付出。

爱情，在一个人的世界里，在独自付出的冷清里，注定风雨飘摇。

那些日子，为了打动他，她开始费劲心思取悦他的父母，每天辛苦的工作之余，她会咬着牙拖着疲惫的身体去他家里帮他妈妈做家务。渐渐地，他父母开始喜欢上了善良单纯的她，在他们的心里，她俨然已经是未来的儿媳。

他看着事情的演变，有一些无奈，有一些迷惑，他知道事情已经出乎意料地向着他不愿意的方向发展，可她真挚热烈的爱，偶尔还是会撼动他的心，让他在被爱的温暖里，忘记旧爱的伤痛。他知道，一直深藏在他心底的女孩儿是不会回来了，眼前的女孩儿又对他情深意重，他决定接受她。

她欣喜若狂，似乎所有为爱付出的努力，终于等来了拨云见日的幸福。她以为从此她的人生里，便有了她想要的两情相悦的爱情。

那段日子，她们做着所有情侣都会做的事情，他们手牵着手一起看电影、逛街、游玩。他似乎进入了男友的角色，陪在她身边做着她喜欢的事情，可是她还是能看到他偶尔游离的眼神。

牵着她的手走过街头，看着她甜美的笑脸，他会忽然想起深藏心底的另一个女孩儿。影院里，她依偎在他身边，看到感人之处潸然泪下，看着她纯美的脸，他又会想起那个和她一样多愁善感的女孩。

爱一个人的心，总是最敏感的，每当他的眼神恍惚地滑过她的脸，她知道，他的心已经飞走。她看在眼里，痛在心里。偷偷擦干眼泪，她默默地对自己说，总有一天他会忘记那个女孩，把心给她。

一厢情愿的爱，在心底隐忍成伤……

一厢情愿的爱，是一场独自上路的孤单，无论爱的人怎么努力，他不爱你，就是不爱。就算做了那么多，就算拼命地想要靠近那个人，抓住那个人的心，可那个不爱的人，永远站在远离她的地方，与她的世界隔绝。

爱情最后还是要走向婚姻，她期盼良久的这一天，终于到来。有爱的婚姻，是两张幸福的脸。可结婚那天，她看不到他眼里的幸福，他空洞无望的眼神，让她心寒。

那一刻，她犹豫了，等了这么多年不就是为了这一天吗？可是她的心里忽然没有了安全感。

她看向他，为她的爱，做着最后的争取。她问他，你爱我吗？他不敢直视她的眼睛，躲闪着说，你不是就想结婚吗？现在你如愿了。

她看着他冷漠的脸，她知道，她永远得不到他的心。

其实她一直就知道，可她还是在一厢情愿的爱里，做了那么多年无谓的挣扎。以为只要爱得够热烈，就能焐热对方的心。

而爱到最后，留下的，只是独自承欢的冷清。

她选择了离开，抛下无爱的新郎，第一次，选择潇洒离去。

她知道，她要走向，那个在爱情世界里，愿意和她结伴飞翔的人；那个不会让她，独自承受世间风雨的人……

最好的爱，是两相情愿。爱与被爱，才能同时被温暖。

热情似火的爱，投向寒冷如冰的心，注定是一场冰消雪融，在现实的世事风波里，蒸发到烟消云散。

一厢情愿的爱，是自己与另一个自己在爱情光阴里的独白。

一厢情愿的爱，是独自承欢的冷清，是没有配角的独角戏，是一场一个人看过的烟火表演。

一瞬间的烟花绽放后，是愈加孤寂的心。

如果，让爱在值得爱的人怀里，烂漫盛开，会不会更美……

我只是一粒沙，那么偶然地，便闯进你柔软的心。
我们在爱的千回百转里，凝结成惊艳了时光的珍珠，
在洒满阳光的沙滩，相濡以沫。

我把我的爱，连同我的心，小心翼翼地打包成这世界最精美的礼物。我庄严而神圣地捧着它，等着你，穿山越岭而至，轻轻开启。

爱情的日子里，我愿意每天为你写一首诗。
情到深处，人孤独，寂寥在胸口蔓延。
无比漫长的夜里，思念随着笔端，
婉转吟唱。

我是一只受伤的爱情鸟。轻轻回头，看向你曾经为我停驻的方向，原来，你真的已经离去。从此，古道西风、月落乌啼、花开花谢……万丈红尘里，我们终成陌路。

杏花微雨的窗前，我们相拥看细水长流。
寻常巷陌里的寻常爱情，我只要，
浮世清欢；我只要，简单纯粹。
我只要与你挽着情深意长，
寻找云淡风轻，就够了。

失恋时，你独自落在窗棂，流着泪说此生不会再爱。光阴那么长，沉湎于过去，就会错过眼前的风景。终于，你在疼痛中化茧成蝶，蜕变的美惊艳了时光。

那年花开，你款款而来，我浅浅微笑。爱，是一场花开的情事。浅相遇，慢慢融合，温雅舒缓地盛开。深相知，点点浸润，馥郁浓烈地绽放。然后，深锁于时光。

相爱多年后的某个黄昏，我们白发苍苍，背对
背坐在炉火旁。珍藏多年的收音机里，
播放着老歌曲。听着听着，
我们在曾经爱的故事里，
温暖到泪流满面。

我一直在找你，找了很久很久。你宛在水中央，我溯洄从之。风决定了云的方向，而你决定了我的归处。天晴了，等着我，飞向你在水一方的召唤。

爱情的路，长得像一条看不到尽头的隧道。
我在你不曾知晓的兵荒马乱里，拼命地奔跑追逐。
只为了赶在别人到来之前，让你知道，
你是我永远的倾城温柔。

趁阳光正好、趁微风不燥。趁还能在最好的年华，遇见最好的你。趁现在还可以，把爱的梦编织得很长很长很长。让我们，启程吧。

只为那惊鸿一瞥，千山万水，我为你而来。忽而，爱在翻山越岭里，零落成泥碾作尘。心散落天涯，碎了一地。只有香如故，爱你的形状，依然是初见时的微笑。

你问我，这世间最真的爱情在哪里？我把答案写在最初和最后。最初，你愿得一人心，最后，我白首不相离。原来，我们一直在爱的最初和最后之间，泅渡。

爱不是俯视，亦不是仰视。爱是和爱的人并肩而立，
彼此对望时，惺惺相惜的眼神。爱，是抬起头，
向着彼此的阳光，绽放……

爱是轮回。围绕着爱的入口，我们不断旋转。我种下满树思念，花香随风飘向你。你为我放弃一座城池，飞向我的天空。来来往往的爱情，繁盛了轮回的春夏。

我们相遇得太晚。爱你，我无法言说。
我一遍遍画着相思树，一句句诉说着思念成霜。
树倾听着我的清愁，嵌入枝叶，任回忆疯长。

不爱你的人，
在你的爱里，越发趾高气扬。
而爱你的人，
就在身后，
你却看不见，
一直等在那里。
你在不被爱的迷惑纠缠里，
看不清，无爱的伤和爱的暖。
只要你肯回头，
只是一次回头，
终会发现，世间始终有人为你，
深情以待……

死去活来的伤情后，忽见真爱灯火缭绕

爱的世界里，有不爱你的人和爱你的人。

爱情有时让人捉摸不透，是个奇怪的存在。

爱你的人，你看不到。

不爱你的人，你偏偏爱得死去活来。

你像是被施了魔法，沉浸在“自己爱得天昏地暗、不爱你的人一点都不在乎你”的爱情魔咒里。

那是一个不停旋转的陀螺，带着你以为壮烈到感天动地的情意，带着不被爱的伤情，拼命地旋转，明知是敷衍搪塞，明知不爱你的人的世界里没有你，可你就是停不下来。你以为只要有爱，就没有到不了的爱情彼岸。

可是，爱不是一个人的事。你用无数次的卑躬屈膝，换来的只是一个冷漠的轻瞥，换不来一丝的温暖；换来的只是搪塞敷衍的无谓，换不来片刻的深情。

不爱你的人，在你的爱里，越发趾高气扬。

而爱你的人，就在身后，看着你悲从中来，死去活来，你却看不见，他一直等在那里，想要成为一束光，想要温暖你，你却不肯靠近他。你不给他爱你的机会，抚慰你的伤痛。

你在不被爱的迷惑纠缠里，看不清，无爱的伤和爱的暖。

只要你肯回头，把目光从不该放置的地方收回，投在爱你的人身上，那么，他一直燃烧的温暖，会如阳光般射在你心里。

那是灵魂深处，爱与被爱的对望，是生命世界里，只有与你的相守和深情，在灯火缭绕下，爱你入骨，暖你入心。

只是一次回头，终会发现，世间始终有人为你，深情以待……

有一首歌是这样唱的：爱我的人对我痴心不悔，我却为我爱的人甘心一生伤悲；爱我的人为我付出一切；我却为我爱的人流泪狂乱心碎。

他经历的爱情，仿佛是这首歌的翻版。

他一直是一个相信缘分的人，不肯轻易开始一段感情，直到大学毕业后，依然单身。

毕业后在一家公司实习，邂逅了她。无意中闲聊，才知道他们是同乡。他眼里的她，不算惊艳，但一颦一笑间清纯甜美，是他喜欢的类型。而她的外向开朗，也正弥补了他的内向成熟。于是，在互补的性格中，他们相处融洽。

不知道从什么时候起，她开始频繁接近他，每天晚上，她的电话都如约而至。内向的他似乎找到了倾诉对象一般，在电话里，跟她讲着自己从未向别人提起的故事，她也总是温柔地聆听着。

每逢夜班，如水的夜晚，他们边走边聊，盛夏的空气中飘着淡淡的栀子花香，他转头看着一脸温柔的她，他知道她的内心，已有爱意满溢。

被爱的人，并不是读不懂对方爱着的心，只是被爱的人不够爱，也不愿意点破爱。

那天，他们一起出去游玩。华灯初上，街道灯火辉煌，他们欢呼着在人群里穿梭，奔跑嬉闹，她像个孩子一样欢喜雀跃，表现得可爱无比。夜深了，看着身边情侣亲密相拥，她看着他，眼神温柔，有着几分期待，他知道她在想什么，但他却回避着她的目光。

感情有时让人迷乱。他始终拿不准，他对她的感情到底是什么。在这段剪不断理还乱的感情面前，很长一段时间，他刻意保持着与她清风明月般的距离。

爱到不能自禁的她，还是选择了向他表白。当那句我爱你冲口而出的时候，被爱的人总会在幸福到来时，变得毫不珍惜。一句俗套的，我们只适合做朋友，他拒绝了她的表白。

聪慧如她，再次相见，她拼命装作若无其事的样子，但眼睛里却有悲伤满溢。此后，她一如既往地对他好，就像那些伤害从未发生过一样。

她选择了离开他的城市。目送她走远，那一刻，他有种怅然若失的感觉。

真爱就在身边，他却看不到。

一年后，他在一家外企开始了朝九晚五的工作。一年来他所有的变化，她都知道。那次一别之后，他们始终没有断了联系。

他知道，那个爱他的人，一直都站在那里，为他等待……

只是，当时只道是寻常。

那一天，在办公室里忙碌的他，被一个身影吸引。那是一个美丽的女孩儿，精致的五官、苗条的身材，如瀑的长发，清纯的外形，再加上一双清澈的大眼睛，犹如深潭般，干净而黝深……

他知道，看到女孩儿的一瞬间，他就开始无尽地陷落……

得知女孩儿是新来的同事，他暗自窃喜着。从那时起，每次想到女孩儿美丽的样子和温柔的表情，他心底就有一种甜蜜的扯痛，或许这就是爱情的感觉吧。

为了接近女孩儿，他开始频繁地出现在女孩儿的面前，渐渐地，他们熟悉起来。

爱到情深的他，愿意为女孩儿做任何事情。每当女孩遇到繁忙的工作，为了不让她受累，他都会亲自代劳。

他对女孩儿的痴迷越来越深，爱情刻在心里写在眼睛里。他对女孩儿的爱每个人都看在眼里。每次他出现在女孩儿身边，为女孩儿的事忙前忙后，同事们都会心照不宣地开他的玩笑，但女孩儿总是笑而不语。

爱让他忐忑不安，他猜不透女孩儿对她的态度。

春节那个长假，让他明白，自己对女孩儿的思念已经强烈到排山倒海。假期过后回到公司，终于等到与女孩儿重逢，他迫不及待地想要对女孩儿表白自己的这份感情。当他出现在女孩儿面前，邀请她去看电影的时候，他发现她的表情淡淡的，以忙为借口推辞着。

爱，总会让人百折不挠。

越被拒绝，越不甘心。内向的他不知道该如何向女孩儿表白，于是发了一条示爱短信。像等了一个世纪那么漫长，终于等到女孩儿的短信，他颤抖着双手打开，但那一瞬间，他怔住了。女孩儿在短信里告诉他以后不要再纠缠她，她已经心有所属。那一刻，他感到一阵凉意透过屏幕刺入心底，他不知道，为什么自己的爱，感动不了女孩儿。

那一夜，他整夜未眠。第二天，他直接找到女孩儿，为自己的爱情做着最后的挣扎。只是没想到，一向温柔的女孩儿冲着他大声喊道："我不喜欢你，我不爱你，你难道看不出来吗？"

那一刻，他心如刀割……

还没有恋爱就已经失恋的他，在颓废中度过了漫长的一周。

一周后，他打开与外界断绝联系的手机，只见手机里有无数个未接电话和短信，突然间排山倒海般跳跃而出。他知道，是一直以来深爱着自己的那个她，心急如焚的牵挂，在他消失的这段时间，汹涌而至……

得知他的伤痛，她飞奔而来。

他看着她关切而焦急的眼神，看着她为了以最快的速度奔赴到他面前，而沁在脸颊的汗珠。

他终于明白，原来真爱一直都在，只是他不曾回头看一眼。

他热烈地拥她入怀，爱在心底温暖蔓延……

死去活来的情伤，是不被爱的伤；灯火缭绕的真爱，是爱的暖。

爱，是一场迷局。

在不被爱的爱里，千回百转，痛彻心扉，任凭伤痛沦陷，始终不肯离去……

在被爱的真爱里，不愿珍惜，挥爱如风，任凭真情飘散，始终不愿回头……

其实，只要回头，只是一次回头，那个爱你入骨的人，就在生命深处，等待着，暖你入心……

爱情，
在疼痛中涅槃蜕变。
终于明白，
爱，
不是一棵树，
吊死为止。
爱，
是一棵树枯萎时，
回头是岸的另一种开始。
从这个错的人身上，
收回目光，
回头。
就在回眸处，
那个不曾离去的人，
原来一直都在。

回眸处，在不曾离去的真心里停泊盛开

爱，就注定了一生的漂泊。

一生的眼光，没有逃离过那个深爱的身影。

似乎，世间的一切繁华，只为着这一个人盛开。仿佛，这个世界所有的情爱，只在这一个人的身上停驻。

于是，心意已决，终其一生，这个人已是唯一不变的聚点，心里，不再为第二个人，掀起波澜。

爱一旦孤注一掷，爱便一意孤行，尽管已错爱成殇，还是不肯回头。

认准了，此生誓要忠贞不渝。

爱走着走着，日久总要见人心，爱久了总要见真假。那个人，当初以为一生只此一人的人，当初那个以为值得托付一生的人，忽然在现实每一天真实的相处中，显山露水，露出了以前不曾有过的，真面目。

那些曾经的、温柔的、可爱的、真诚的、勇敢的、坚毅的、担当的、诚恳的、忠贞的……变成了现在的、暴躁的、可恶的、虚伪的、怯懦的、软弱的、自私的、狡诈的、花心的……

真面目，是爱情褪去最初激情时的真相。

真相大白于爱情时，本是一锤击醒梦中人的时候。

可爱情最固执的魔力就在于：最初认定的人，就是最终追随的人，眼里只有这一个人，哪里还看得到别人。

定睛在那个人身上的目光，始终不肯移开。

可再深情的目光，也粘不住要离去的心。忽然有一天，那个人，还是选择了离开。

伤痛欲绝。以为爱到永远的爱，终还是爱到荼蘼。

有时，曾经沧海难为水，除却巫山不是云，可能是爱情的假象。沧海和巫山，成了不能给自己幸福的伤痛。

爱情，在疼痛中涅槃蜕变。

终于明白，爱，不是一棵树，吊死为止。

爱，是一棵树枯萎时，回头是岸的另一种开始。

从这个错的人身上，收回目光，回头。

就在回眸处，那个不曾离去的人，原来一直都在。

一直都在，在你为爱落泪时，那个不曾离去的人，为你拭去眼泪；一直都在，在你悲伤无助时，那个不曾离去的人，为你抚平伤口；一直都在，在你独自飘零时，那个不曾离去的人，为你打开爱的门……

那个人，一直在你身后，看着你在爱里千回百转，苦苦挣扎，却始终带着不肯离去的真心，等你，回眸……

回眸时，爱便不再漂泊。

爱情里，有人离开了，有人留下了。

爱，终究还是要在对的人里，停泊盛开……

少女时代，她美丽而清高。

每一个美丽女子的爱情世界里，似乎都会有那么几个仰慕她的追求者。

他，是她的第一个追求者，相貌并不出众，但是才华横溢，忠厚沉稳，一双真挚的眼神里，总透着坚定的目光。

他不浪漫，却体贴；他不甜言蜜语，却踏实真诚。

他给她的爱情，没有轰轰烈烈，更多的是平稳安然。

她答应了他的追求。她知道，他是一个专情到可以托付一生的人。

她也以为，她会一直在他爱的怀抱里，就此开始岁月静好的一生。

直到那个男人的出现。

男人有一张让女人看过就不会再忘记的脸。仿佛从漫画世界里走出来的俊朗男子，高大健硕的身形，如刻刀雕刻而出的棱角分明的脸，一双深邃如深潭的眼睛里，闪着迷人的光芒，高高挺立的鼻翼，透着英气。

那是一张让她沉醉的脸，第一眼看到男人时，她就知道自己已经开始沦陷。

恰好的是，她爱上的男人，也喜欢她，并开始疯狂追求她。

她欣喜如狂。

她知道，她身边还有一个他，那个已经和她确立了恋爱关系的他。她也知道，她已经情不自禁地迷恋上了另一个男人，这段三个人的爱情纠葛，是不可避免了。

那天，她接受了男人共进晚餐的邀约。席间，他们聊得很开心，男人很绅士地照顾着她。她能明显感觉到男人深情撩人的目光，频频落在自己身上，带着火辣辣的温度，她内心狂跳不止。

交谈间，她知道男人是一家外企的高管，这无疑是充满诱惑力的另一层砝码。那天晚饭后送她回家，男人深情凝望着她，说她的笑融化了自己的心，说她是永远的女神。

浪漫，是爱情世界里的符咒，稍一出口，就能让心带着幻梦，沉醉到远离现实、沉醉到不切实际、沉醉到智商为零。

远离现实的爱情，终会被现实击碎。

就像这一刻的她，在男人的甜言蜜语中，思维瞬间停滞。和身为男友的他在一起那么久，他从未对她说过这种话。一瞬间只觉得有种莫名的悸动传遍全身，一种在内心渴望了很久的激情似乎想跳出来，这种感觉让她兴奋不已。

爱情的攻势，总是先从电话的闲聊开始。男人每天都会打来电话嘘寒问暖，不时响起的短信也总是透着柔情蜜意。男人很聪明，言语很有分寸，热情而不过火，感觉就像一杯不冷不热的水，带着淡淡的温度，喝下去很舒服。

渐渐地，和男友在一起时，她没有了曾经的热情，总是心不在焉，眼睛从来没有离开过手机，只要短信铃声响起，她就会两眼放光。

男友看在眼里。在她微妙的眼神里，看出了她内心世界的游离。深爱她的男友以为，是自己对她还不够好，让她总是找不到安全感，所以才会如此心神不宁。

于是，男友加倍地疼她、爱她、对她好。只是她背离而去的心，已是无法收回。

那次，她和男人因为工作一起出差。原本是一个特别棘手的项目，她有些不知所措，男人挡在她的前面，陪着她一路谈判，过关斩将，两天后项目顺利拿下。看着男人在工作时宽阔坚毅的后背，在谈判中果断利落的状态，她对男人的爱慕之中又掺杂了一些钦佩和欣赏。

随着接触的增加，她对男人的好感越来越多。而一直深爱她陪在她身边的男友，俨然成了她生命中一道碍眼的屏障。

男人知道她有男友，窥见了她内心的惶惑不安和摇摆不定，于是对她发起更深的攻势，直到她无力拒绝……

那一天，是她的生日。原本说好和男友一起庆祝，几天前，男友就说好要给她一个大大的惊喜。一直以来对男友情感的背叛，让她的内心愧疚不已，于是打算借助这个生日，在彼此的情感交融中，试着开始将心收回。

那个夏天的傍晚，潮湿的空气中弥漫着丝丝浪漫。男人的豪车，适时地挡在了下班的路口，看着男人深情火热的眼眸，心猿意马中，男友被抛诸脑后。那一晚，他们共进生日烛光晚餐，席间浪漫无限，情意浓浓。她看着手机里男友不断打来的电话，她知道自己沦陷的心，真的已无法收回。

那一晚，男人开着敞篷车，带着她穿过灯火璀璨的城市。她醉意微醺，双颊泛着红晕，发丝在夜风中飞扬。CD 里流水般的音乐声，萦绕着天上的点点星光……气氛浪漫得让人想掉泪。

“我爱你！”音乐和星光里，男人温柔的情话熏醉了她的心。回头，她们紧紧拥抱在一起……那一刻，男友在她心里已不复存在。

凌晨回到家，开门的一瞬间，男友孤单的背影，埋在沙发深处，一桌子丰盛的饭菜，在精心布置的烛光里闪着清冷的光。男友回头，目光真诚而悲伤，他没有指责她，只是说他等了她一个晚上，想要给她一个惊喜，随即递给她一个精美的盒子。她打开，是一枚钻戒，安安静静地躺在首饰盒里，闪着璀璨的光芒。

他说，这是他早已准备好的求婚戒指，想要戴在她手上。他说他知道自己不够浪漫，但是他会一直陪伴她守护她，给她最真实的幸福。

那一刻，她的内心升腾起心痛的自责，她告诉自己，不能再伤害这个真心爱自己的男人！

而背叛，有时是一种戒不掉的瘾。

坚持了一个月后，在男人无数个电话和短信后，她还是控制不住思念，情不自禁地和男人见了面，在他的车里，她把自己给了男人……

她的爱情悲剧，从此开始上演。

身心的背离，让她下定决心和男友分手。分手那天，她看到了男友眼里的悲痛欲绝，也感受到了深爱自己的男友不愿意为难她。离别之际，男友强忍心中伤痛对她说，愿意放她自由，只要她幸福，但是如果有一天她肯回头，他愿意一直等在她身后，只要她回头，就能看到他……

真爱就是：一回头就能看见的那个人，在你的生命里不离不弃。

可惜她却看不到。

离开男友，和男人开始名正言顺的爱情，她欣喜如狂。

她以为，男人也会像她一样开心。

可当她将这件事告诉男人的时候，却在男人的眼神里看到一丝闪烁不定的目光。

满腔兴奋瞬间转化成恐慌，她一遍遍追问男人要不要和她在一起，一辈子……

男人仿佛变了一个人，推开她，他说永远太远，谁知道一辈子会发生什么……那一刻，她忽然发现，自己被这种自以为美好无比的爱情，愚弄得面目全非。

她不记得那天，自己是怎么回到家的。只记得踉踉跄跄走到楼下时，听到背后有人轻唤她的名字，蓦然回头，透过泪眼蒙眬，只见曾经的男友，那个他曾经背叛过的人，站在身后，带着满眼怜惜，向她张开双臂……

她拭干泪水，奔向他的怀抱，那个带着一生一世温度的怀抱……

爱情的世界里来来去去，终逃不过现实的澄清涤荡。

现实，是一面照妖镜，澄清了真相，涤荡了真心。透过镜子，也总能看清所有的真心假意。

拭去浮华，爱与不爱，一目了然。

那就弹指一挥间，弹去假意的浮尘，不为不值得的人，流一滴眼泪。

只是回眸，就会看到，

真爱，在不曾离去的真心里，停泊盛开。

失恋时，
他们流着泪说着，
此生再也不会爱了。不！
生活聚散悲喜，
都是寻常之事，
尽管失恋时悲痛欲绝，
但这都不能让时光停下脚步。
光阴那么长，
人生那么美，
沉湎于过去，
就会错过前路的美好风景。
时间可以照出一切，
也可以让真相浮出水面。
当光阴带走怅然失恋，
便会走向缱绻真爱。

作别怅然失恋，走向缱绻真爱

失恋，就像是一把插入心脏的刀，痛到无法呼吸。

仿佛一夜之间，曾经一点点用真心垒砌的爱的城堡，忽然天崩地裂、断瓦残垣、灰飞烟灭……剩下的，是撕裂的伤、揉碎的心和纷乱的泪，交织着，将身心投困痛不欲生的深渊，无法自拔……

忘不了那时，初相见，他们的眼神在彼此的眼里，找到了停下来的理由，以为今生今世，就是他了，再也不变了。

也许是当初的不变初心太过深信不疑，也许是每一段爱情的最初太过飞蛾扑火，也许是爱的旅程不曾想过山穷水尽……

忽然有一天，以为的不变，蓦然变了，那份意外的打击，才来得那么排山倒海。

世间总有些情，都经不起世事无常。

太快了，昨天还说着地老天荒，今天就已成失恋。刹那之间，风云变幻，情事凋零。

似乎，爱情已不是曾经的模样。

于是，爱情成了支离破碎的失望。于是，以为真的不会再爱了。

难道，一次错爱成殇，就真的不会再爱了吗?

不!

他们像世间所有的情爱男女一样，在偶然中相遇，在心动时爱上。

当初邂逅她，如湖面遇见阳光，折射出熠熠生辉的一片未来。

当初遇见他，世俗一切压力和阻力，都抵不过千山万水追随他而去的决心。

当初目光在交集的那一刻，只一眼，一眼，便爱上，再也不舍得把目光挪开。

当初他们决定牵起彼此的手，以爱情的名义。以为只要有爱，就可以翻山越岭，就没有到不了的未来。

那时，相见恨晚，于是恨不得马上融入他的生活：小时侯的他一定很可爱，一定人见人爱，他喜欢穿什么颜色和款式的衣服，他的鞋子是几码，他平时的爱好是什么，他喜欢吃什么，他抽什么牌子的香烟，他的工作顺利吗，他每天都开心吗，这些年来有没有爱上过谁……

她想着和他有关的一切，她一次次练习和他见面时的呼吸。她觉得，这个世界上除了他，再没有哪个人的名字可以让她自唇边温柔地唤起。

那的确是一段甜蜜的时光。以至于后来诀别后，她再回忆起来，才痛得那么不舍。那时，他们披星戴月地约会，走过千山暮雪，以为会一直走下去，就这样，真心真意走完这一生，永不诀别。

她恨不得天天和他黏在一起，不放过任何一个见面的机会，只是想多听他说一句话，多看他一眼。

他们爱了，很爱很爱。巴不得每分每秒腻在一起，她喜欢深情地靠在他的臂弯里，摸着他满是硬生生胡茬的下巴，说着永不分离；她喜欢撒娇地让他背着在风里跑，她轻轻一跳双腿盘住他的后腰，在他的后背上像个孩子般手舞足蹈。

她幸福无比，以为他会纵容疼惜她一辈子，以为找到了世界上最真挚唯美、最坚贞不渝的爱情。

于是，她在爱情里醉了，醉得忘记了现实；忘记了物转星移，光阴莫测；忘记了时间可能会磨蚀最初的美好。

世事无常。他们的恋情因为种种原因，在后来的日子里，走得异常艰难。从一开始的矛盾不断，到彼此误解，继而是无休止的冷战。

那一年，他向她提出了分手。他说一切都是他的错，他走不下去了。她像所有失恋的女孩儿一样，一遍遍含泪追问着“为什么”；他像所有以“不合适”的名义说着分手的男孩儿一样，说没有为什么，如果非要一个理由，那就是不爱了。

曾经海誓山盟，怎么可能不爱啦？一瞬间，时间仿佛凝固了，一瞬间，时间又仿佛飞回了相爱的最初。初识时的惊喜和甜蜜似乎还在昨天，可一转眼就灰飞烟灭了。

她泪如雨下。她的眼泪再也不能打动他的心了。他不再怜惜地捧着她的脸拭去她的泪，而是面无表情地看着她，转身消失在她的世界里。

她瞬间崩溃。

失恋之后，便是再见，再也不见。

那是一场不亚于山崩地裂的灾难，那是一段暗无天日的时光。衣带渐宽终不悔，为伊消得人憔悴。她不想见人，不想说话，不想做事，终日窝在沙发里，听着情歌流着泪，那时的夜晚总是遥遥无边。

她哭着喊着，说，此生只有此一人，再也不会爱了。

她忘了忘记他。她忘了世间的好男儿，不止他一个；她忘了一段伤情后，下一段缱绻真爱正在酝酿着……

时间是个好东西，痛苦终会被冲淡，心里的结也终会破冰。

那一天，她走出封闭的家门。阳光很刺眼，那是初春，树上的嫩芽开始新时节的萌发。她触景顿悟：花儿如果沉溺于冬天的凋零之痛，怎么会迎来新的盛开？

心结打开，便宛若新生。她开始和往常一样工作、学习，约着三五朋友出来喝茶、聊天；闲暇之余在健身房挥汗如雨。仿佛转眼间，很多事情都过去了，生活又开启了新的希望。不再纠缠失恋的伤悲，记忆也在时间里变淡，淡到一切都已坦然。

昔日的笑靥重回脸上，甚至比先前的更灿烂，她依然是当初那个婉婳如诗的女子，而失恋的阴影也早已烟消云散。

重新活过后，便是风过无痕。

一年后，她恋爱了，没有受伤后的畏缩，她依然爱得真挚投入。

不久，她成了幸福的新娘。曾经的那段痛彻心扉的失恋，已经成了尘封岁月里的故事。

她知道，没有那段怅然的失恋，就不会有现在这份缱绻温暖的真爱……

失恋时，他们流着泪说着，此生再也不会爱了。

不！

生活聚散悲喜，都是寻常之事，尽管失恋时悲痛欲绝，但这都不能让时光停下脚步。

光阴那么长，人生那么美，沉湎于过去，就会错过前路的美好风景。

时间可以照出一切，也可以让真相浮出水面。

失恋后的蛰伏成蛹。就在那一天，化茧成蝶，破茧而出，蜕变的她惊艳了时光。

终于，在云开见月明的那一刻，还是迎来了足以灿烂一生的缱绻真爱。

CHAPTER 6

当爱长久缺席，在自己的明媚如初里地老天荒

无爱的世界，不是冰冷。因为需要爱，而刻意爱，才是更深的冰冷。

无爱的爱，是两个人的寂寞。

两个人的寂寞，不如一个人的清欢。不如在一个人的清欢里，盛开如兰。

因为，当旧爱在时光里远逝，当自己在流年里明媚，真爱便有了重新开始的理由。

挥手作别昨天，那个带着浮世清欢的人，才能为你，腾云驾雾而来，在风乍起的人生，温暖了彼此……

有爱的世界，
是两个人的暖；
无爱的世界，
也可以成为一个人的清欢。
不如，
在无爱的日子，
把一个人的世界装点得丰盈充实，
把一个人的日子过得诗意盎然，
把一个人的自己修炼得气质高雅……

在无爱的世界里，独自清欢

无爱的世界里，心是一座空城。

仿佛不被爱温暖的世界，都是冰冷。

冰冷而空洞。一个人的吃饭、旅行，到处走走停停，也一个人看书、写信，自己对话谈心。孤独无依的心，找不到停泊的角落，可以将一路风尘而来的行囊，轻轻卸下。

那是一处臂弯，圈起来的是炉火；那是一个肩膀，撑起来的是墙垣。

所有的安全感，都在那里盛开。任世界风雨飘摇，有爱在便可以风平浪静。

多么美的爱的世界。

在该爱的年华里，爱是一枚甜软的糖果，似乎含在嘴里就会散发出甜美的味道；爱是一道耀眼的微光，似乎照在心里就会迸裂出温暖的甘泉。

爱，那么美，所以爱，总被渴望着。

而爱，总会遥遥无期、求而不得、遇人不淑、真爱难觅……

不是每一个人，都能在想要爱的时候，爱就如期而至。爱，总会有等不到的时候，得不到的时候，抓不住的时候，遇不见的时候，无缘的时候，错过的时候……

于是，总会有一段无爱的世界，在人生的某些时候，空荡荡地飘忽而过。

渴望爱的美好，却要承受不得爱的孤寂，是情感世界的无奈，也是情感世界的常态。

有爱的世界，是两个人的暖。无爱的世界，也可以成为一个人的清欢。

收起顾影自怜的伤感，收起遇人不淑的哀怨，收起不被爱的自卑。青春很宝贵，哪有时间挥霍。不如，把一个人的世界装点得丰盈充实，把一个人的日子过得诗意盎然，把一个人的自己修炼得气质高雅……

终有一天，那个可以温暖你世界的人，会在你独自盛开的清欢里，闻香而至。

与你一起，合欢而笑，照亮彼此的世界。

爱的时光很长，何必慌张。

她的爱情，开始于寂寞。

也是在寂寞中凋零。

那是青春里，爱开始沸腾的季节。看着眼前红男绿女在爱的世界里畅游，寂寞难耐的她，心也随之蠢蠢欲动。

空窗寂寞冷，被爱的需要，是一种本能。可缘分，不会因为需要，就如期而至。

于是，因为需要爱，所以刻意爱。

很多错爱，就在这里开始。

那时的她，生活中一直没有遇到心仪的对象。带着无法排遣的寂寥，在网上邂逅了一个男孩儿。网络的虚拟世界，让爱也变得神秘而缥缈。隔着屏幕，他们倾心吐意，海阔天空，无所不谈。

爱就这样，在虚拟的空间里上演了。

他们生活在两个城市，开始时，是一场无法在现实相见的异地恋。

本以为，网络的爱，可以填补缺爱的现实里所没有的爱意缠绵。可事实似乎并非如此。

起初，她仿佛很满足于这种远离现实生活的梦幻式恋爱方式，一切尘世的纷扰，隔离在网络之外，所有的浓情蜜意，仅限于闪动的头像、缠绵的文字和远隔千里的语音。这样的情感方式，注定是风平浪静的。

可是，爱是越演越深的索求，每走一步，都有更深的诉求。

情到浓时，她不再满足于网络的爱意，那无疑是隔靴搔痒。

于是在每一个节日到来的时候，他们会为彼此邮寄一些礼物。收到礼物的那一刻，她也曾有那么几分激动，仿佛感受到了情人就在身边的幸福滋味。可是，望梅止渴的心动，很快便烟消云散了。

爱，在网恋的日子里，依然是“远水解不了近渴”的孤寂。

那天，和他聊天下线后，她回到一个人的现实中。客厅里，昏黄的灯光在地板上闪着幽暗冷冽的光芒，窗外，狂风大作，把玻璃窗震得“咣咣”响。

她靠在床背上，眼睛茫然地扫向窗外，风似乎深解人意似的，用呼啸而过的浑厚声音，抚慰着她的寂寞。她知道，这又是一个不眠的夜。

网络里的爱，弥补不了现实的空虚。她不知道这样的感情，还要不要继续。

微信消息的提示音，突然在暗夜响起，划破了现实的寂寞。他几乎每天都会给她发来消息，有时是中午，更多是在深不见底的夜晚。

也许每一个孤单网恋的人，都耐不过夜晚的黑。

曾经，每当他的短信在暗夜响起时，她的心都会在温暖漾起的时候悸动不已。

而现在，她看着那个从“远得不能再远的远方”传来的短信时，心里变得错综复杂。

曾经的海阔天空，慢慢地停留于闲闲的一问一答固定式的对话。他们仿佛被虚无缥缈的网恋消磨殆尽的两台机器，所有的对话，只是为了缓解彼此的寂寞罢了。

本以为，这样的爱，可以温暖没有爱的孤独。

可失去期望中爱情原该有的模样，爱的世界里，依然是无爱的无奈。

两个人的寂寞，不如在无爱的世界里，独自清欢。

爱可以让生命更精彩丰盈，而没有爱的清欢里，也一样可以成为一个人的狂欢。

想明白后，她坚决地告别了这段虚无缥缈的网恋。

当告别了没有现实的网恋，把隐藏在网络背后的发霉的情感，放在现实的太阳下烘干时，她忽然发现，陌上花开，一个人的清欢，比无爱的无奈，更动人。

不如，回到一个人的世界。

一个人的世界里，她不再为看不到未来的爱耗尽时光和心绪。于是便有更多的时间享受生活，一段音乐，一本书，一个人的世界也有诗和远方。一段说走就走的旅行，背起简单的行囊，一路边走边看，看着外面更广阔的世界，闻着阳光洒下的味道，心也变得轻盈自由。不必牵挂着某个人，没有起伏不定的喜怒哀乐，只有淡雅的心绪，在独自走过的日子里，放飞。

一个人的世界里，她不再把自己的身心禁锢在千回百转的爱意纠缠里。于是便有更多的时间投注友情，世间的爱除了男女之情，还有很多种情感。和朋友在一起，她仿佛回到了少女时代，可以一起疯出青春的激情。不必在爱情的牵挂里撕心裂肺，在简单的友情里徜徉，便是幸福。

一个人的世界里，她不再把所有的日子都过成相思成疾。于是便有更多的时间修炼自己，她开始更理智地规划人生，让自己盛开如花，而不是把人生的全部建立在另一个人的身上。当她学会用“当局者迷，旁观者清”的眼光重新审视自己曾经爱过的人或事时，便能以更加犀利的眼神去洞穿未来的爱情，应该以什么样的姿态盛开。

她也始终相信，那个愿意照亮彼此世界的人，会在她独自盛开的清欢里，闻香而来……

无爱的世界，不是冰冷。

因为需要爱，而刻意爱，才是更深的冰冷。

无爱的爱，是两个人的寂寞。

两个人的寂寞，不如一个人的清欢。

在一个人的清欢里，盛开如兰，真爱便有了开始的理由……

为寂寞而错爱，
便是错爱后的寂寞。
不如留在寂寞的世界，
等待真爱如期而至。
因为，
两个人不爱的寂寞，
比一个人无爱的寂寞，
更残忍。
爱，
原本是纯粹无比的事情。

为寂寞而错爱，便是错爱后的寂寞

爱的季节里，寂寞是一把冷艳的剑，闪着刺目的寒光。

又仿佛在独自倚窗的秋夜里，看夜空如水，稀稀落落的星光，在无边的空茫里，寂寥地透着清冷的微光……

爱的世界，最怕的是寂寞。

目光所及之处，没有爱的聚点；伸手触摸之际，没有爱的体温；心灵所归之地，没有爱的注脚。爱就像是包裹了绝缘体的微生物，远远地阻隔在了自己的世界之外。

爱最好的年纪，怎么可能不渴望爱？

那种渴望，是心痒难耐的，更是迫不及待的，仿佛得不到，人生就无所依归、漂泊不定。

看着身边所有的出双入对，所有的爱意缠绵，所有的郎情妾意，所有的执子之手与子偕老……好像世间所有美好的爱，都留给了别人。而自己的世界，只有形单影只的等待。

于是，爱在寂寞里开始。

于是，很多爱，在为了填补情感的空窗期时，上演。

不是因为爱，所以爱；是因为寂寞，所以爱。于是，爱变得不再纯粹，爱成了寂寞的安抚剂。

开始于寂寞，两个人的爱注定是牵制。因为寂寞走进彼此的世界，所以害怕寂寞的纠缠和黏腻成了爱的全部。以为爱，就是把一个人拴在身边，控制在目光可及的范围之内，似乎稍有疏忽，这个人就会从自己的世界消失，留下孤寂无依的一个人，回到曾经寂寞无边的暗夜。

这种寂寞的牵制，终会累了彼此，那便是更深的逃离，更深的寂寞。

开始于寂寞，一旦任何一方的真爱出现，寂寞空洞的眼神，便在爱的燃烧里，有了新的目标。那是一个情不自禁的磁场，谁都无法阻隔，无论你多么不舍地挽留，那个遇到真爱的人，都会义无反顾地奔向真正的爱情。唯独留下你，重回自己的寂寞世界。

因为寂寞而爱的爱，终会在真爱到来时，无处遁形。那时便是更深的寂寞。

为寂寞而错爱，便是错爱后的寂寞。

不如留在寂寞的世界，等待真爱如期而至。因为，两个人不爱的寂寞，比一个人无爱的寂寞，更残忍。

爱，原本是纯粹无比的事情。

爱情，在她的世界里，不是来得太缥缈不定，就是来得太刻意不安。

那年，她是初入象牙塔的大一新生，青涩的青春，爱恋在暗流涌动。班里有一个帅气的男生，俊朗高大，是她喜欢的类型，每次看到他晃着健硕的肌肉在篮球场上跳跃奔跑，她的心就会满满地涌上如电流般的酥麻。

暗恋是一段痛苦的旅程，还没来得及表白，他的身边就多了一个美丽的女孩。这么优秀的男孩儿，身边总会不乏追求者。性格内向坚定的她，在大学前两年的时光里，除了那位男生，再不愿意喜欢任何人。

青春的世界里，无爱的寂寞，是无边无涯的深渊。心在看不见的空洞里，掉落掉落，却始终找不到依靠的落脚点。那是心灵的空寂，让人抓不住一丝可以慰藉的安全感。

爱，有时也许仅仅就是一种安全感的需求。

爱的寂寞最怕现实的诱惑。大三那年，她心底那根弦，那根“为了等待真爱宁愿孤独”的弦，在现实环境面前，一点点断裂。

校园里，时不时就会有成双成对的情侣们，手挽着手爱意缠绵地从身边招摇而过，她看着女孩儿依偎在男朋友怀里幸福的笑脸，内心的寂寞，会突然泛滥。

深夜时分，从图书馆出来，夜凉如水，抱着双肩孤独地走在校园的小径，回头，不远处的长椅上，情侣们在夜色里耳鬓厮磨，喃喃细语，画面充盈着浪漫的气氛。而她身边，只有凉风习习而过的寂寥，寒彻心扉。

回到宿舍，本以为寂寞可以暂时停靠。刚刚坐定拿起书，对面的室友在电话里和男友情话缠绵，咯咯响起的笑声里，是爱的幸福在荡漾。而这笑声落在她寂寞的心里，却是那么悲伤难耐。

时光那么长，无爱的世界，是随时陪伴身边的寂寞飘零。

她寂寞的内心，变得越来越渴望爱情。

那一天，也许是命中注定的一天，她为寂寞而错乱的爱情，开始在冥冥中上演。

那一天漫天飞雪，室友都去约会，空荡荡的宿舍里，似乎只有她和她的心跳声，在一个人的空气中回荡。

百无聊赖之际，她打开了电脑。QQ闪烁的头像，是一个网名叫“寂寞沙洲”的人，申请加为好友。

轻轻一点，他们即刻成了网友。

可就是这轻轻一点，命运便在悄无声息中被改变了。

网络，是一个永远无法看清现实的地方。她对他的了解，起初开始于聊天，他们所有的互动就是闪烁的头像、敲动的键盘和不断闪现的聊天内容。对方声称自己是一家公司的高管，家境良好，言外之意就是自己是典型的高富帅。

太过年轻又没有恋爱经验的她，却那么轻易地相信了他说的每一句话。

最让她欲罢不能的，是每一次她孤寂时，只要一上网，就能看见隔着屏幕的那个人，那闪烁的头像里，温暖的光亮。

那段日子除了上课，她把所有的时间都留给了网络。随着慢慢地熟悉，他们的话题也渐渐多了起来，内向的她，感觉自己把曾经没有说过的话，都在和他短短相识的这段时间里说尽了。

她每天最期待的事情，就是坐在电脑前，对着那个人的头像，带着满眼温柔的爱意，浅笑吟吟地敲着键盘，把所有的心事和绵绵情话，化作一串串文字，发给他、那个她从未见过，内心却已经认定为男友的人。

她不知道该如何定义内心的情感，她只知道，有了这段每天不曾谋面的网聊，她的情感世界，不再寂寞冰冷。

网聊，终会在现实中见光。

三个月后他提出见面，当网聊要见光的时候，她内心还是充满了忐忑。这是一种难以言状的复杂的心情，她害怕见面后所有网络上曾经美好的感觉，都在现实里变得面目全非。

但是见面，是迟早要来到的事情。那天，他们约在距离学校不远的一家咖啡店，一进门她便认出了他。

他看上去很普通，并没有像自己描述的那样阳光俊朗，莫名地，她感觉现实的见面，无形中扼杀了网聊时那种美好的神秘感。许是因为网络上聊的已经足够多，见面时彼此尴尬无语的气氛，一度令空气凝固。

本以为故事就这样结束了。那天傍晚时分，他送她回学校，走在落霞掩映的林荫小路，路边三三两两情侣相拥而过，看到这些，她忽然有些尴尬。回过头，无意中和他的目光对视，她看出他目光里的渴望。就在她不知所措之际，他忽然从背后抱住她，热热的鼻息吹到她脸上，她有了莫名的心悸。他喃喃地说，她比网络上更讨人喜欢，他要她成为自己的女朋友。

她甩开他，羞涩地跑回宿舍。

现实中突如其来的告白，让她变得忐忑不安、矛盾纠结。见面后，她知道自己并不了解他，也不爱他，怎么可以就这样随意把自己的情感交给一个人；可无爱的世界太过寂寞，她太需要一个人，来慰藉自己空洞无依的情感。

她决定，为了寂寞而恋爱。

在一起的最初，他们像所有恋爱中的情侣一样，约会逛街看电影。第一次恋爱的她，以为爱的世界会如她期待的一样，幸福如蜜，可不知道为什么，除了爱的世界里不再寂寞，她似乎从未体验到爱到轰轰烈烈的感觉。

一个月后的那个雨夜，像是冥冥中命运的捉弄一般，她的噩梦就此开始上演。

那一天，雨下得很大，电影散场后，她原本要打车回学校，可是却一直打不到车。站在路边的雨里，她瑟瑟发抖。于是他提议回他附近的家避雨，她内心感觉不妥，但是此刻又无处可去，于是便勉强同意。

那是一间不大的出租屋，屋里陈设简单。落座后，他们捧着热茶有一搭没一搭地聊着。眼看已到深夜，她准备起身告辞，可是他却突然抱着她，说着对她的爱恋和渴望。她知道他想做什么，并试图推开他，可他温暖的怀抱，让她莫名有了一种安全感。就是对这种安全感的需求，让她彻底沦陷、沦陷……

因为寂寞而沦陷的爱，注定是一个悲剧。

这件事发生的一周后，他突然从她的世界消失，打电话不接，发短信不回，QQ 头像永远是灰色。无意间，她看到他最近 QQ 空间里的照片，里面是他和一个女人订婚的照片，照片上的他，笑得很开心。

那笑容，仿佛一道带着寒光的晴天霹雳，直接刺入她的心……

那是更深的痛彻心扉的伤害、那是更深的寒彻骨髓的寂寞，比曾经无爱的寂寞，更加残忍无比……

一个人无爱，是寂寞。
两个人无爱，是更深的寂寞。
因为，为了寂寞而错爱，便是错爱后的寂寞……

多悲哀，
备胎的身份。
备胎，
像是一个笑话，
站在爱情最尴尬的角落里。
备胎，
不会煨暖孤寂。
那只是一个可有可无的影子，
飘来飘去，
在爱的世界之外，
游荡无依……

煨暖孤寂的，永远不是可有可无的备胎

所有的爱情，都是两个孤独的灵魂，在人世间那一次次寻寻觅觅后回眸间，彼此恋慕的目光交织，所碰撞而出的温暖花火。

只是那一次，撞击而出的花火，煨暖了两个孤寂的灵魂，煨暖了爱情的时光。

爱的暖，那是投影心间的春风拂柳，轻轻摆动便可以弹去心中的烦忧；爱的暖，那是涤荡心间的午后春阳，丝丝浅照便可烘干潮湿的阴霾……

爱那么暖，谁不渴望？

可并不是每一次渴望的回眸，都能如愿碰撞到那一次心动的眼波交织。

前世千百次的回眸，才换来今生的一次擦肩而过。

缘分那么不容易，邂逅那么不可预期。

唯一能做的，似乎只有在孤独的时光里，做好自己，安静等待……

可等待的时光，太过漫长，漫长得仿佛看不到未来，到底有多远。

于是，爱在迫不及待时，将就着找到那么一个还算看得过去的人，试着走近彼此，温暖彼此，以为从此后，不管有没有爱意缠绵，总算是可以煨暖那长长的孤寂时光。

为了寂寞而靠近的爱，终不会真正走进彼此的心里。

终有一天，本以为靠在一起的取暖，成了两只彼此刺痛的刺猬；本以为交织缠绵的爱的目光，成了两相漠视的冷眼对峙。

本以为可以抚平寂寞的相依，成了可有可无的“备胎”。

备胎，在彼此还没有遇到真爱的时候，对方是食之无味弃之可惜的鸡肋，就算不爱，也可以留在身边，至少在寂寞的时候，有个影子从眼前晃过，也算没有荒芜了时光。

就算遇到了真爱，心里有了另一个人。备胎也可以是呼之即来挥之即去的傀儡，就算不爱，也可以剩在生活的角落里，至少在被真爱伤透心的时候，有个人在身边倾诉，也算给爱情找一个发泄的出口。

多悲哀，备胎的身份。

备胎，像是一个笑话，站在爱情最尴尬的角落里。

备胎，不会煨暖孤寂。

那只是一个可有可无的影子，飘来飘去，在爱的世界之外，游荡无依……

那一年，他们在校园相识，他们是大学艺术系的同学。

最开始认识她的时候，他并不喜欢她。她是一个伶牙俐齿的女孩子，一头倔强的短发总是硬邦邦地直立着，配上她那张高冷的脸和目空一切的眼神，让他一度反感无比。

爱总是在冥冥中悄无声息地生发着。

他们在某次班里的集体换座位时，无意间成为了同桌。原本不喜欢她的他，和她坐在一起，每天都是极不情愿的如坐针毡的感觉。

本以为这种没有交集的关系，会持续整个大学时光。无独有偶的是，那时候他的一个好朋友某天突然告诉他，自己爱上了她，希望他能以同桌这种便利的条件，接近她，并帮着追她。

他是一个把朋友义气看得比什么都重的人，所以虽然不喜欢她，但他愿意为朋友赴汤蹈火。

于是，他就开始了每天有一搭没一搭地跟她聊天。缘分真的是很奇怪的事情，渐渐地，他竟然开始觉得她，有那么一点点可爱了。

后来，她拒绝了他好朋友的追求，却和他成了无话不谈的好朋友。

他终于知道，她是个有故事的女孩儿，她之所以那么活泼，那么要强，是为了掩饰自己内心的伤痛。他开始有了保护她的欲望，并开始对她产生了好感。

于是，她成了他生命中的初恋，也成了他生命的全部。

只是他不知道，所有的为爱痴狂，不过是备胎的悲哀。

那的确是一段疯狂的日子。那一年准备考研，原本打算报考金融专业的他，为了她决意要在学画画的路上，一路陪她走进梦寐以求的中央美院。可只有他自己知道，每当拿起画笔时，心里对金融专业不舍的眷恋，还是会刺痛他的心。

本以为这样的情深意重，必换来感天动地；本以为这样的牺牲付出，必换来生死相依。可那一天，一个意外听到的消息，如晴天霹雳一般炸响在他爱意正浓的心里：她为了暗恋的男生，放弃了终其一生所爱的绘画专业，改换了男生喜欢的专业。

他爱着她，她却爱着别人；他为她戳破梦想，她却为别人倾尽温柔。

他痛苦而不甘，他想愤愤而去，可有一种爱就是这样：明知前路是不被爱的痛，却偏偏舍不得放手，仿佛自己一旦离去，那个深爱的人，就会孤单无依，危机四伏一般。

只是他不知道，那不过是爱意正浓的心里，自编自导的感受罢了。

爱到深处人无助，他知道她爱着别人，可他还是愿意陪在她身边，做她“抬起头便能看到他”的随时都在的需要。

聪明如她，她当然深谙一切，她也乐得他陪在身边，做她随时可以依靠的“备胎”。

那段时间，他们是无话不谈的朋友，他关照她的生活，倾听她的心声。那时，她谈的最多是她喜欢的男生，她喜欢那种运动型男生，她说最幸福的事就是看他在篮球场挥汗如雨地飞奔，看他帅气的脸，在阳光下灿烂。

他分明听到自己的心，丝丝绞痛的声音，他也第一次知道了什么叫爱的嫉妒。

于是那段时间，他为了她，开始悄悄学习打篮球。本身不擅长运动的他，在球场上摸爬滚打，身上伤痕无数，那副陪伴了自己三年的眼镜，也在一次失败的投篮后，支离破碎。

可他觉得，为了她，这一切都是值得的。

那一次，他给她表演自己苦练了许久的球技。她不屑地说，他打篮球的样子，滑稽可笑，和那个男生，没法比。

那一刻，他尝到了备胎的滋味，多么苦涩。

大学的时光，接近尾声。她终于和喜欢的那个男生成了情侣，那段时间，他们成了校园里最耀眼的金童玉女，常常肆无忌惮地相拥而过，羡煞旁人，也灼痛了他的心。

他远远地看着她，在爱里甜蜜缠绵，死去活来，他心如刀割。

每当在爱里受伤，她会在他面前，梨花带雨地哭诉，并用迷蒙的眼神看着他，一遍遍问他为什么，爱那么伤人？

他知道，她的眼泪不是为他而流，可他多么希望，她的眼泪是为他而流。

他一如既往地心疼地揽她入怀，摸着她的头，轻拍着她的后背，对她说，一切都会过去的，他会永远在她身边，在她需要的时候，保护她。

她感激地看着他，他知道，那眼神，只是感激，没有爱。她也希望自己的生命中，永远可以有这样的一个备胎，在需要的时候，有所倾诉。

而他，明知备胎的身份，卑微而悲哀，可是，爱总让人无能为力。

考研结束后，她如愿和喜欢的男生，进入同一所学校。

而他去了另一个城市的学校，他们天各一方。

故事没有结束，她依然和喜欢的男生爱着，他依然在远方的城市默默关心着她，每当她心情不好时，他还是会在隔着千山万水的微信里，抚慰着她的悲伤。

明知备胎的爱，终将逃不开伤害，他却无法走开……

一年后的一天，她给他发了一张照片。照片中的她，穿着洁白的婚纱，笑颜如花地仰起头，深情温柔地闭着眼，那个他爱的男人，俯下头吻上她的唇……

她说她订婚了，她幸福无比，她说她终于和自己心爱的人在一起了，他可以放心了。

她还说，从此以后，她不再需要他，他可以去寻找自己的幸福了……

那一刻，他的心，碎了一地。

四月底的东北，马路上还有冰，那个晚上，他站在宿舍楼的洗漱间里，熄灯了也不回去，拿着矿泉水瓶子，一瓶一瓶地往自己头上浇水……

因为太爱，备胎装扮成可有可无的影子，带着深爱着别人，却不被爱的伤，步履艰难地登场。

似乎，每走一步，心都会在伤害的痛楚里滴血成殇。

爱的不可控，是备胎的痛源。

不如，按下心里的暂停键，转过头，挥挥手，作别备胎缥缈的影子。

那一刻，你一定不再是，别人的生命里，飘过的一阵风……

世间情爱，
不过是两个人的烟火，
一个人的灿烂。
爱之前，
终要先回归自我，
在一个人的世界里繁花盛开，
让自己明媚如春，
让自己灿烂如光，
才能照亮自己、照亮那个人的心、照亮彼此。

让旧爱在时光里远逝，让自己在流年里明媚

旧爱，留在昨天，却也刻在心底。

那是一段深深的印痕，也是一条深深的疤痕，留在过往生命的某个时段，留在心底的某个阴暗的角落，以至于每次想起来的时候，心还是会在不忍触碰的回忆里，隐隐作痛。

那时，所有的时光都在爱意缠绵里灿烂，所有的心情都在情事纠葛里婉转。仿佛世间所有的起伏流转，都离不开这一份情事。爱，成了生命的全部；那个人，成了活着的一切，仿佛没有了爱，没有了那个人，生命也不过是一片荒年。

爱那么深，爱那么重。本以为彼此紧拉的手，就是现世安稳，就是生生世世。

可爱情是最深的谜题，答案永远写在彼岸，那个不知道结局的未来，是当时相爱的彼此，都到不了的地方。

爱，忽然在现实的激流下，转眼间被冲刷得残破不堪。

爱走到幻灭的尽头……

深入心间的爱，像是一枚深深镌刻在皮肉里的物件，生生拔下来的时候，会有血光潋滟，会有疼痛刺骨。

所以，爱那么深，爱才那么痛。

旧爱，成了现在过不去的伤痕。不愿想起，却总是在午夜梦回时，把满脸泪痕逼出；不愿触碰，却总是在触景生情时，在心底深处慢慢低回翻涌……

曾经的旧爱，让无爱的现在，成了一个人的孤寂。

生活还是要继续，心终究还是要走出来，看自己在一个人的日子里灿烂，不是吗？

那么短的人生，那么长的光阴，沉湎于曾经，会错过眼前的风景。

于是，渐渐地，旧爱在时光里远逝，伤痕在时光里痊愈……渐渐地，痛不再那么深，伤不再那么重……

渐渐地，发现世间情爱，不过是两个人的烟火，一个人的灿烂。

爱之前，终要先回归自我，在一个人的世界里繁花盛开，让自己明媚如春，让自己灿烂如光，才能照亮自己、照亮那个人的心、照亮彼此。当你自成风景，像一个自带光源的发光体，不用你抵死纠缠，那个人，自然会在眼波流转间，望向你……

于昨天，让旧爱在时光里远逝。

于今天，让自己在流年里明媚。

于明天，让新欢在吸引里绽放……

爱情的最初，是一场在心里酝酿的浪漫。

她从小的爱情梦想是，在穿着白色裙子的季节里，遇见一个在风里走来的男子，身上带着青草的气息。他们只一眼相视，便认定彼此。

这个一直在心里徘徊的梦，一定会实现，她有些固执地这样想着。

当她读着古诗“青青河畔草，郁郁园中柳”的时候，仿佛看到自己，遇见那个他时，心灵像草长莺飞一般，欢悦飞腾。

那一天，她走在桃花盛开的林荫路上，阳光格外灿烂，空气中弥漫着的淡淡花香，似乎能将孤寂潮湿的心熏暖。她回头，一朵粉色花瓣落在肩头，她微笑着拿下来，握在手里把玩。忽然，一阵相机的咔咔声传来，她下意识看过去，只见一个男人正举着相机冲她微笑，露出一口洁白的牙齿，俊朗的脸在阳光下，闪着熠熠的光辉……

她看见他径直走过来，没有任何寒暄，他微笑着对她说，她的侧颜很美，有种似曾相识的感觉，她隐约看见他盯着她的眼眸，是湿润的。

她望着他，心狂跳不止。那一眼，她认定，眼前这个男人，就是她梦里出现过的身影。

相识的最初，她们无话不谈。他以前曾经有过一个女朋友，他很爱她。一年前因车祸离世，悲痛欲绝的他不停地旅行，不停地写作，似乎只有带着文字上路，才能将疼痛的心安抚。

她静静地听他的倾诉，心疼之余抱紧他的头，任他的泪水打湿自己的衣衫。他抬起头，望着她说，她温柔的样子，特别像那个女孩儿。

爱的痴狂掩盖了她的理智，她只知道她爱他入骨，她要陪他走过生命中最灰暗的时刻。她却没有听出来，在他心里，自己不过是他曾经深爱之人的影子。

爱情，就这样开始了，爱的最初，正如她一直憧憬的那样，美好而浪漫。只是，她总能在他偶尔出神的眼神里，看出他内心对曾经的情感流露出的念念不忘。她很难过，但她想总有一天他会走出来，忘记过去……

可是，随着时间的推移，他眼里的痛苦和寂寞越来越深……她看着他每次面对自己时，眼神里的游离和躲闪，内心忽然有了恐慌和危机，她隐隐感到，他还是忘不了那个女孩，他并没有那么爱她，他们的感情终要走到尽头……

那一次，他已经是第五次，在他们的约会中迟迟不到，她忽然发现自己的等待，已经到了极限。见面后他们发生了激烈的争吵，忽然，他歇斯底里地喊道：我一直以为我可以忘记她，爱上你，可是我做不到，我爱的人是她，而你，只是她的影子，和你在一起，就是为了怀念她，你知道吗！

她心头猛然一震，感觉整个人都凝固了。原来，在她深爱的人心里，自己只是一个影子……

伸手拂过满脸的泪痕，她仰头长笑着说：影子？哈哈，影子？我这个影子，也该退场了……

她踉踉跄跄地转身而去，消失在暗夜的尽头……

失恋是苦涩而孤寂的，那是人生最艰难的一段时光，身心仿佛夜幕下的孤魂，永远找不到太阳升起的方向。

旧爱不是说忘就能忘记的，每一个寝食难安的白昼和黑夜，她满脑子都是他。她曾经无法抑制地想要去找他，卑微也好，低贱也罢，她会哭着求他留下来。可最后，理智还是拦阻了她冲动的脚步。

那些日子，她像一具行尸走肉，每次在床上合上眼睛的时候，脑子里都会闪过他的形象，帅气的脸，精致的五官，胡子拉碴，眉毛和睫毛都很浓密，她甚至还清楚地记得拥抱他时他衣服上散发的味道，混杂着青草香的淡淡烟草味道。

她不知自己什么时候能走出来……

时光是最好的医生，忽然有一天，她发现，伤痕在岁月的冲洗中，渐渐变得不再那么疼痛。

旧爱总要远逝，一个人，也可以在流年里明媚。

她忽然开始享受，一个人生活的快乐。她换了曾经的房子，在城边租了一套采光很好的公寓，养了很多花草，还有两只纯色的猫，一只叫白白，一只叫夜夜，仿佛一下子就拥有了最美好的白天和黑夜。

每天她会坐在被花架藤蔓包围的窗前，就着清风读一本书，让文字带着心遨游天际；午后她会穿过小径，带着猫咪们在风中奔跑嬉闹，让笑声伴着花瓣飘荡，引得蝴蝶都忍不住围着她飞舞；她喜欢红酒、意大利面和各种老电影的碟。有时她就躺在还带着阳光余温的紫色沙发上，看着架子上挂着的那几个被擦得透亮的水晶摆件，仿佛每一天的日子，也变得清透明快起来；傍晚她会打开电脑，总结一段时间以来的工作心得，以便在未来的事业中更好地上路……

恋爱时被遗忘的朋友们，又回到了她的生活圈子，她一度后悔恋爱时对闺密们重色轻友的忽略，真的是暴殄天物。无论什么时候，朋友总是永远不离弃的存在，失恋的那段艰难时光，如果不是闺密们仗义相助两肋插刀的陪伴，恐怕自己早已抑郁而终了。

一个人的自由，不用再小心翼翼地察言观色，不用每天都为了“悦己者容”而精心装扮，不用再担心他不喜欢而不敢养宠物，不用再为他高不高兴而委屈自己……她享受到一个人的乐趣。

生活、工作、朋友……没有爱情的时光，一样灿烂明媚。

再后来，她遇到了那个钟爱她一生的男人。

春天，他们在草坪上举办了婚礼。

依旧是桃花盛开的时光，穿着白纱裙的她，深深吸了一口飘着淡淡花香的空气，看到男人从花丛间走过来，带着一束百合花，她似乎嗅到他身上的青草清香。

她突然想起了自己曾经的愿望，忍不住微笑起来……

当旧爱在时光里远逝，当自己在流年里明媚，真爱便有了重新开始的理由。

挥手作别昨天，那个带着青草香的人，才能为你，腾云驾雾而来……在风乍起的人生里，温暖了彼此……

CHAPTER 7

暧昧是幻灭的温存，
爱与不爱本该这般彻底纯粹

暧昧，是一道带着潋滟深情的光束，本以为可以照亮天际，最后留下的却是滴血残阳。

暧昧，是一款绣了珠丝的绫罗锦袍，本以为可以等待君来，纵情欢爱，最后留下的却是孤独泅渡。

暧昧里，是被掩饰的虚情假意，是转瞬即逝的寥落情爱。

最后，那些所醉心的温存，那些所期待的怜惜，俨然只成悲凉……

爱本是最彻底纯粹的一件事情。爱，最怕，那爱与不爱之间的说不清道不明的，模糊地带。

爱，最美的样子，是“若爱深情两不相诀，不爱决绝两不相干”的清晰纯粹。

爱情里的真心，
像是一枚剥去外壳的果肉，
真实而脆弱，
轻轻一触，就会在敏感里疼痛。
任何假意的暧昧，
都是它心头致命的伤。
它需要一道光，
温暖而清冽，
穿过真心柔嫩的表皮，
进入它的灵魂，
以同样的真心，
与它深深相拥，
才配得上它的深情以待……

真心里的深情以待，假意下的无心撩拨

爱的启程，是一次缱绻真心里的浓烈绽放。

那是全身心的投入。投入时，不问缘从何而起，只是一往而深；不问爱孰轻孰重，只是赴汤蹈火；不问情回报几何，只是付之又付……

仿佛爱已然在心头蓄势待发，爱汹涌着汹涌着，便在真心的嘶吼里，迸发而出，以不可抵挡的深情之势，在爱的年华里，倾尽疯狂，抵死缠绵……

人间陌上，总有多情之人，在爱的洪流里，用尽一生之力，激烈地付出着。就算那个人，不清不楚，不冷不淡地回应着，心还是愿意，等待那一次刹那的心动，等待那一方温暖的相拥。

总以为，真心里的深情以待，总会换来真意下的情深以报。甚至愿意化作一棵树，长在那个人必经的路口，阳光下热烈地开满花，朵朵都是期盼的姿态。

终有一天，热情的付出，换来了那看似深情的回眸。只是那目光里，是游离的漂浮不定，是清浅的随意安放。

只是在爱的人心里，已经是无限知足，只要那一次次目光的召唤，能换来那个人的回眸，便有了抓住爱情的可能，终有一天，爱会感天动地，感化那个人的心。

于是，付出的世界里，爱有了更深的洪波激流。那个人，似乎一直都在，只是站在那里，仿佛置身事外的旁观者，不动一根手指、不投入一丝行动。偶尔不咸不淡地回应着，附和着，也乐得心安理得地接受着对方所有的深情以待，享受着对方所有的情深意重。

再深的爱意浓情，遇到不温不火的漠然以待，心终有一天会不甘而疲惫。

爱的不对等里，影射而出的，是爱的凄怨。那么深的爱，怎么容得下那么清浅随意的回应？

于是，声声责问，步步紧逼，那个人终于不屑而语：你愿意给，我也乐得接受，我所能给的一切回应，不过是暧昧的无心撩拨。

原来，不是所有的回眸，都是热烈的等待后换来的深情凝望。

那不过是，真心被无情利用后，假意下的无心撩拨。

暧昧的爱，是一道伤痕，带着殷殷的血色，比不爱更加惨烈……

爱情，总是在最美好最纯真的年华，带着青涩的味道，叩响青春的心扉。

她和他从小在一个大院里长大，他们青梅竹马，一直以来，她都是他的仰慕者。

那时候，她是名副其实的疯丫头，外形性格都酷似男孩儿。他是大人眼中的乖孩子，帅气阳光，成绩优秀，还是灌篮高手。每次学校的篮球赛，他在风中仰着头奔跑飞跃着投篮的酷帅样子，都会惹来女生的一阵阵尖叫。

她也在她们其中，在一群仰慕他的女孩子中，撕破嗓子呐喊助威。

她留着短发，个头也小，在她们中间越发显得那么的不起眼，每次她都会站在最高处，哪怕摇摇欲坠，也要仰着头看他，生怕他看不到自己。

每次他都会回过头来，带着温暖的微笑，冲她挥挥手，迎来身边很多女孩儿羡慕的目光。那一瞬，她便认定，他是她生命里最灿烂的存在。

她知道，她爱他，这些年那份渴望和他在一起的心，从未停止过。有很多次她想要表白，可是却没有勇气说出口，她担心万一他不喜欢自己，那他们连做朋友的可能都没有了。

那一次，她和父母应邀去他家做客。每次去他家她都很兴奋，只为能见到他。晚饭后，他们一起出去散步。秋夜的天空繁星点点，树叶在月光下闪着细碎的光影，铺陈在青石板的小路上。她看着那晃动的月影，缕缕缠绵，仿佛她爱恋他的心，摇曳生辉。

忽然，她抬起头，鼓起勇气对他说，她喜欢他，很久了，她想做他的女朋友。他似乎并不惊讶，抬起头看着她，平淡地说了一句，他一直都知道。

她望着他的侧影，狂跳的心，变得更加忐忑不安，这是什么意思？难道这是接受她的信号吗？

接下来的日子，似乎一如既往，他们依然如以前一样相处，他没有给她任何明确的答复。爱总让人变得盲目，她知道自己没有等来他确定的答案，但是不管怎么样，只要他没有拒绝，只要他的目光还在望向她，虽然那目光是那样的随意而游离，她还是有希望去抓住他的心。

一直以来，他都是她的梦想，他是众人眼中的骄傲，她则是他身边最不起眼的黄毛丫头。她总是跟在他后面，爱着他，只是希望他可以多看自己一眼。如今更是如此，从向他表白的那一刻起，她就知道他已经成为自己生活的全部，她愿意为他付出一切，在他需要的任何时刻。

他似乎也心安理得地接受着她所有的深情以待。

那一年，大四，学英语的他们都在为考托福出国做准备。她知道，他是学校里的英语高手，为了赶上他的脚步，她努力学习，挑灯夜读，只为了将来能够和他一起出国。他是她生命里的灿烂，她注定要追随着他的脚步。

而他，依然暧昧地接受着她对自己的好，依然没有给她的情感，一个明确的答案。

无独有偶，考托福的名额有限，因为种种原因，他失去了报考机会。拼搏那么久，只是为了这一天，眼看梦想即将落花流水，他心急如焚。她看在眼里，痛在心上，深爱他的她，心一横，把自己的名额让给了他。

他欣喜如狂，握着她的手，激动地揽她入怀，对她说，会永远记得她的好。

她也兴奋无比，不为别的，只为他第一次，把自己抱得这么紧。她以为那是爱的讯息，却不知道，那拥抱，不过是感激，仅此而已。

出国前，她去送他，看着爱的人要漂洋过海去远行，她心情无比低落。他似乎并没有感觉到她的伤感和不舍，只一味沉浸在自己的喜悦里。她抬头望他，泪眼婆娑，她问了一个她一直以来都想确定的问题，在他心里，她到底是什么位置？

他依然如置身事外般，清浅地笑着说，她是他生命里不可或缺的那个人。

又是这样暧昧而含糊的回答，她有些困惑有些懊恼，她想为这些年的付出，找一个明确的答案，可他就是不愿意给。但是，只要他不拒绝自己，就有希望不是吗？

她这样想着，心便也释然了。

爱，是一场烟云弥漫，让身在其中的人，看不清黑白。爱的人倾尽所有，不爱的人，却在暧昧的角色里，极尽表演之能事。

她，在他眼里，终究只是一枚棋子。

身处异地，她疯狂地思念他。每天的电话、微信，她总要知道他每天安然无恙，自己才会安然入眠。这样的状况持续了半年，起初他还会和她在电话里倾诉他刚到异国的种种艰辛和不易，也会及时在微信里和她沟通自己的学习感受。

半年后，她发现，他渐渐变得冷淡，电话里也总是只字片语，便急匆匆地挂断；微信也不再及时回复。她忽然有了不祥的预感，他们的感情原本就没有任何承诺维系，原本就岌岌可危，现在她的心里越发失去了安全感。

忐忑不安的一个月后，她突然收到了他的微信，他说，他找到了自己的真爱，女孩儿是和他一样在国外留学的中国人，他打算近期带女孩儿回国见父母。他还说，在他心里，一直把她当最好的哥们儿，仅此而已，他会永远记得她的好……

那晚她喝得酩酊大醉，心中苦涩难耐，万念俱灰。他是她生命中的灿烂，这么多年，她用所有的真心对他深情以待，换来的，却是他无心的利用、假意的撩拨……

真心遇到假意，爱情里最痛彻心扉的伤痕。

真情遇到暧昧，爱情里最挥刀见血的杀戮……

爱情里的真心，像是一枚剥去外壳的果肉，真实而脆弱，轻轻一触，就会在敏感里疼痛。任何假意的暧昧，都是它心头致命的伤。

它需要一道光，温暖而清冽，穿过真心柔嫩的表皮，进入它的灵魂，以同样的真心，与它深深相拥，才配得上它的深情以待……

暧昧里，
是被掩饰的虚情假意，
是转瞬即逝的寥落情爱。
最后，
那些所醉心的温存，
那些所期待的怜惜，
俨然只成悲凉……

你所醉心的温存，不过是暧昧后的悲凉

爱最美的样子，是你如阳光般拂过的温存。

那仿佛是世间最美的沉醉，那是浓得化不开的甜蜜，在每一次深情的凝视里，在每一次温暖的拥抱里，在每一次心疼的爱抚里……似乎只要用爱的温存，便寻得了安稳，寻得了欢喜，寻得了生命的意义。

春风沉醉，春风十里，不如你……

于是，温存，成了寻爱的根蒂。

于是，总有些假面的爱，戴着温存的面具，给了暧昧最美的外壳。

于是，说不清道不明的暧昧，在等待爱意缱绻的日子里，悄然上演。

爱上时，那么意外地，萌动了春心，打开了心扉，撞乱了心事。爱情，猝不及防间落地生根，心的汀草里，长满了萋萋的思念。多么热烈地想要，投入那个人的怀中，哪怕只有片刻的温存，也好。

辗转反侧后，是一场酝酿了许久之后的忐忑表白，本以为话音落地，便是拒绝后的黯然转身。可那个爱慕了许久的人，忽然揽你入怀，说着愿意，从朋友开始让缘分待续。

也许这并不是最好的答案，但这是最有机会的答案。满心欢喜，以为爱，从此有了开始的理由。

爱与不爱，真与不真，岁月是最好的见证。

虽然，那个人给过你想要的，醉心的温存。甘愿做你的护花使者责无旁贷，你也是那么地依赖那个人，那个总是不经意拍拍你的肩、很宠爱地揉揉你头发的人。很多关于你们之间无伤大雅的玩笑让你觉得甜蜜无比，你以为幸福就在不远的地方。

就在你认为一切都将水到渠成的时候，那个人却说从没对你有过爱情的念头……

为什么，努力想要用爱温暖的那个人、努力想要用爱眷恋的那个人、努力想要用爱深锁的那个人，回应爱的方式，却是那么的平淡随意。

你的举足轻重，却是他的可有可无，你的倾尽温柔，却是他的毫不费力，你的情深意重，却是他的无足轻重；你的随叫随到，却是他的召之即来挥之即去……

以为，只要此去经年，经年之后，那个人，必然在爱的感天动地里，拾得真心而归，也必报之以真情。

可最后，所有等待换来的，是那个人头也不回的离去，没有一丝留恋。

万千惆怅里，心裂了一个洞。

原来，曾经深信不疑的爱情，只是一场嘲弄了真心的暧昧……

多情自古伤离别，爱情，最怕分手时，无奈又不舍的悲伤。

他们的爱情，开始的最初也曾美好得令人沉醉，也曾在每个被希望填满的日子憧憬未来，也曾在每个相拥的时刻说着地久天长。以为所有的誓言，都会成为未来永不分离的相守，最坚不可摧的见证。

可是，时光啊，总会让人忘记该记住的。所有的誓言，在分手的那一刻，突然在现实的磨蚀下，灰飞烟灭。

以为爱到底的爱情，却提前走到了尽头。分手摆在胸口，她心如刀割，他想过挽留，但冰雪聪明的她也知道，该走的总要走，任何挽留都无济于事，不如放爱一条生路。

最后一次见面，他约她在他们以前经常去的公园见面，那一天的他，穿着她最喜欢的白衬衫，他似乎还是当年初次见面时的样子，干净清爽。他说他要走了，他想把自己最初的样子留给她，让她记住曾经的美好，就可以了。

分手就要分得干干净净，那又何必记得曾经？何必还留一丝暧昧？她懊恼地想着，可是心却还是留着那么一分温存，留着那么一分不舍，她希望和他的分手，可以不要那么决绝。漠然冷酷的外表下，掩不住脆弱无助的内心，她知道自己不愿意失去他。

忽然，她的内心萌生了一个荒唐的念头：就算暧昧，她也要和他，留有一丝瓜葛。

回到他们曾经租住的小屋，眼前的所有已是物是人非，每一件见证曾经恋情的物件，似乎都在释放着刺眼的光芒。她忽然间泪流满面，她分明听到心碎的声音，在午夜寂静的夜空里回荡。

时光啊，也总是让人记住了该忘记的。

那是一个春天，她以为两年了，她已经忘记了他，但是当她从朋友那里得知他要订婚的消息后，心在瞬间，又燃起了过去的记忆。她知道，在她心里，他从未走远，她要去找他，不管他身边有了一个什么样的女人，她都要见他。

所有人的劝阻都改变不了她疯狂的冲动，所有的傲气在爱情面前都显得那么力不从心。她竟辞掉了苦心经营了多年的工作，只为了那个曾经离开自己如今即将结婚的男人。

他的未婚妻，美丽贤淑，是他的发小，青梅竹马，初中时就喜欢上了高大俊朗的他，在他的订婚礼上，当他亲吻女孩的那一刻，她在嘈杂的人群里、在人们欢呼的呐喊声中，泣不成声。

就这样，她留在他的城市，只为了离那个深爱的人，更近一些。

一个深夜，黑暗中的电话响起，看着那个熟悉的号码，她的心狂跳不止，冲过去接起电话，果然是他。那声音，还是那么的温柔而有磁性，语气里透着怜爱和疼惜："你好吗？这些年过得怎么样？"熟悉的声音把她带回了那个相爱的年代，那个连誓言都带着光的年代，她泪如雨下。

就是这样一个简单的电话，把她所有的怨恨都击破，心中升腾起的无限温暖，让她以为，他还一如既往爱着她。

每天下班的第一件事，就是守着电话，一如恋爱时，双手托腮等着他的电话打来。而他似乎也了解她的坚守和等待，电话总是在她等待的间隙里打来，带着磁性的语气，甚至比他们曾经恋爱时还缠绵悱恻。这让她的心又燃起了无限遐想：曾经炽热相爱过的时光，总有一天要重返她的世界。

她说不清这是一种什么样的期待，不清不楚，不远不近，不温不火，却也温暖着她的心。那一年秋天，因为长期忧思焦虑，她查出患了胃病。那一天，伴着胃部痉挛的疼痛，她一个人无助地躺在床上，在冷清的孤寂里，思念着他。

电话骤然响起，是他，她激动地接起电话，他温柔的声音一如往昔：最近好吗？好好照顾自己。他的语气里带着款款深情，好像她一回头就能看见他，守候在自己身边。

她失声哭泣，告诉他自己生病了，此刻多么希望他陪在身边，像过去那样，为她洗手做羹汤，为她做他所能做的一切……

他来了，带了她需要的药和她曾经喜欢的食物。那种被疼爱的感觉，仿佛再一次温暖了她的世界，他搂着她，拭去她眼角的泪水，轻轻拍着她的头，说着有我在，我会陪着你……

直到有一天，她再次因为胃病来到医院，在转角处的走廊里，看到他，搀扶着一个挺着大肚子的孕妇，脸上挂着灿烂的笑容，不时亲昵地伏在孕妇的耳边说着什么。

她知道，那是他和他的未婚妻。她怔怔地站在那里，不知何去何从。

那一刻，她僵硬如雕塑，多年后，她再一次听到自己心碎的声音，在心底千回百转的疼痛中响起。

她终于明白，那一次次带着温存的问候和关怀，不过是他利用自己爱意尚存的心，而生发的暧昧之意。而自己，居然沉醉在他的暧昧里，欲罢不能，给了他第二次伤害自己的机会。

后来，当那个电话再次响起的时候，她冷笑着，在黑暗里，挂断……

她知道，明天太阳升起的时候，她要在阳光下，重新开始。

暧昧，是一道带着潋滟深情的光束，本以为可以照亮天际，最后留下的却是滴血残阳。

暧昧，是一款绣了珠丝的绫罗锦袍，本以为可以等待君来，纵情欢爱，最后留下的却是孤独泅渡。

暧昧里，是被掩饰的虚情假意，是转瞬即逝的寥落情爱。

最后，那些所醉心的温存，那些所期待的怜惜，俨然只成悲凉……

曾经的深情无限，
长到了别的院落……
爱，变得凌乱而荒谬。
爱着这个，想着那个；看着这个，恋着那个……
最后，说不清的这个和那个，
终将在荒谬里，萎谢。

朝三暮四的轻佻下，爱在荒谬里萎谢

愿得一人心，白首不相离，是爱情里，最心动神驰的誓言。

谁不期待那样美妙的爱情，那个人在清晰浓烈的爱里，两指并立，以手指天，愿天见证这样的感情，多么的始终如一。从此，两个人的世界里，再不会有第三个人侵入。

情不知所起，一往而深，爱深入骨髓，便如刻入肌肤的文身，仿佛一旦烙入印痕，就再也不会被时光冲刷。

曾以为，那一人，便是一生。那条奔流不息的滔滔爱河里，执手登上彼此的客船，尽管两岸猿声啼不住，也不会顾盼变心。这一生，弱水三千只取一瓢，花开千朵只折一枝，一生一世一双人，长情无绝衰……

但是，感情在经年之后，渐渐熄去了曾经灼热燃烧的火势，在平淡无奇的岁月长河里，深情难免，会被时间晾干。

那么漫长的时光，那颗只为一个人燃烧的心，慢慢冷却；那份只为一个人坚守的情，渐渐枯竭。曾经的一人心，忽然被世俗的欲望划开，分裂，演变，成为分散的情感光点，那光里，影射的，不再只是那一个人的身影……

曾经的誓言从口而出，偏偏有口无心，心里，却多了别人的影子。

爱不再固守，爱在朝三暮四里，变得轻佻凉薄。曾经专注的眼神，掠过群英辈出的人群，掠过花红柳绿的世界，忽然变得游移不定，忽然看向了别人；曾经只牵着一人的手，拨开眼前的风景，忽然触摸到了别样的温度，忽然感受到了别样的激情……

于是，两个人的世界里，突然闯入了风流缱绻的故事。心有了旁骛，心有了别的风景，身边有了别的身影做伴，曾经的深情无限，长到了别的院落……

爱，变得凌乱而荒谬。爱着这个，想着那个；看着这个，恋着那个……

最后，说不清的这个和那个，终将在荒谬里，萎谢。

所有爱的背离，终将伤了自己……

她一直以为，她会一直爱着男友，一生只此一个人，一段情。

只是，她遇到了他。

她第一眼望向他的时候，心里就掀起了丝丝涟漪。那是一家书店，喜欢文学的她经常光顾，他是那家书店的店主。那一天，她第一次见到他，若不是他文质彬彬的问候、出口成章的介绍，若不是书店的音响里放着光良的那首《第一次》，若不是那个黄昏，夕阳的余晖照亮了他帅气的脸庞，她想她一定不会有了莫名的心动。

那家书店的装饰格局，一如他的气质，儒雅脱俗，掩映在碧树成荫的小巷里，门前的栀子花散发出淡淡的清香。每次走过门前，她都会在嗅着花香的诗意心境里，走到那个诗意一般的男子面前，看着他纤长的手指，轻抚着书的封面，看着他深黑的眼眸注视着自己，给自己介绍书的内容。

每次她都会拿着一本书，坐在他的对面，偶尔拖着腮看书，偶尔抬起头来，偷偷看他一眼，有时，他们的目光会忽然相遇，也总是惊慌地躲闪着。渐渐地，他们越来越熟悉，偶尔会在一起，讨论对某一本书的观点。

和男友在一起很久，不知道从什么时候开始，习惯了彼此的生活里，激情早已不再，她不记得上一次为男友精心打扮自己，是什么时候的事了。但是，认识他后，她突然又萌发了打扮自己的心，一款白色衣裙，乌黑的长发垂在腰间，映衬着白皙的脸颊，看上去楚楚动人。

每次，当她站在书架前翻书时，都能感到他火热的目光，穿过空气暧昧地落在她身上。她感觉自己的心都要被这种说不清的情感，酥化了，仿佛一层满是烂漫情怀的膜，敷在她心上，令她春思荡漾。

她知道，他和她一样，身边女友在侧。她记得那个清晨，她走进书店时，看到他的女友，侧身伏在他的怀里。他坚实的臂膀怀抱着女孩，女孩抬起头，爱意缠绵地看着他，一副楚楚可怜的模样。看见她，他有些尴尬地回避着她的眼神，她忽然莫名地涌上一丝心痛。

站在书架前，她慌乱地翻着书。他在对面整理书架，忽然他们的手，无意间触碰在一起，她如触电般将手猛然收回。慌乱间抬起头，她看到他看她的眼神，那么炙热。她转身仓皇而逃，但她能感觉到，他那双火辣辣的眼睛，一直在身后追随着她，那目光，搅乱了她的心。

她多么想终止这场暧昧，可是心却不断沦陷……

她知道，她有她的爱，他有他的情。和男友在一起三年，也曾彼此发誓，这一生愿得一人心，白首不相离，可曾经浓烈的爱情，在时光的烘晒下，失去了最初的光泽，变得苍白而平淡。

直到他的闯入，她的心忽然开始游离，心有了旁骛，有了别样的眷恋……

那个早春的雨后，她打着伞，走进书店。他回头，说她像从雨巷里走出来的女孩儿，有着丁香一样的颜色，很美。她低头无语之际，他递过来一张字条，她打开，上面写着：下午六点，街心公园，不见不散。

起初她有些不知所措，片刻后，她决定赴约，这种朦胧的暧昧，让她的内心激动不已。

约定的地点见面，他们肩并肩漫无目的地走着。她内心不安而激动，一丝对男友愧疚的痛，夹杂着一丝与喜欢的男人走在一起的悸动，两种感受在心里交叠出现，这分明就是一场挑战心理的情感，想着想着，她不自禁地苦笑起来。

一直略显局促的他，看到她的笑，似乎也放松了不少。她回头看着他，黑白分明的目光忽然温柔得像暗夜里闪烁的星星，他也回头看她，她白皙姣好的脸庞，让他心神摇曳。她读懂了他眼里的迷离，她知道，那目光里，是说不尽的欣赏和喜爱。那一刻，他们没有说话，只是望着彼此的眼睛，任空气里流动的暧昧，逐渐在两个人的心底荡漾。

分手的路口，他张开双臂，抱她入怀，她有一丝抗拒，却还是伸出手来，紧紧地揽着他的腰。只是，当他的双手轻抚她的后背时，她心底忽然涌上一丝危险的信号，她预感到，这一段可怕的情感，终有一天会在她的生活里，原地爆炸。

有了第一次，就会有第二次、第三次……她们开始了频繁的见面约会……

那一天，一如既往，他们相约而至，手挽手走在人流稀少的江边。江风吹起她的头发，当她伸手拂去发丝的时候，轻轻一瞥间，她看到深爱她的男友，站在他们侧面的路边，虽然隔着一条马路，她依然能在男友的眼神里，看到歇斯底里的绝望和撕心裂肺的痛楚。

她一时如雕塑般，怔怔地站在原地，双腿如灌铅一般无法移动。当她欲上前和男友解释些什么的时候，男友猛地拭去满脸的泪水，咬着牙转身飞奔而去……

两天后，男友约她到家里见面，她看得出满眼红肿的他，经历了怎样的伤痛，她想对他说，所有的这一切，都是因为自己一时意乱情迷，她一定会斩断这荒谬的错爱，回到他身边。可他不容她有任何解释，只是做了她最爱吃的饭菜，他们面对面地坐在餐桌旁，一言不发，就像所有即将散场的筵席。

饭后，男友平静地和她提出了分手。

她心如刀割，她也知道，这是她朝三暮四的轻佻后，最真切的惩罚……

数月后的傍晚，无意间路过他的书店，她看见他和女友拥抱着坐在一起，两个人的身影在淡紫色的光晕里，显得祥和而温馨。

她忽然泪流满面，她清楚地看到自己的身影，在幽暗的路灯下，显得寂寥而落寞……

爱情，最怕在暧昧里，玩着移情别恋。

本以为，只是平淡无奇的漫长爱情间隙里，一次眼神的游离，一次心灵的旁骛，一次刺激的相拥，一次新鲜的温度，一次别样的激情……

本以为，只是专注的眼神里，有了那么一次顾盼的分心；本以为，那次轻轻浅浅的暧昧，只是爱情路上，偶尔的迷失。

可是，爱，只容得下一生一世一双人一颗心，怎容得他人的侵入？
一旦侵入，真爱也好，暧昧的爱也罢，终将双双烟消云散……
只留下自己，在朝来暮去的荒谬后，孤独飘零……

爱，
最美的样子，
是“若爱深情两不相诀，不爱决绝两不相干”的清晰纯粹。
尘世情爱，
谁不奢望最后等到那个白首不相离的人。

若爱深情两不相诀，不爱决绝两不相干

爱本是最彻底纯粹的一件事情。

爱和不爱，也该是最非黑即白的清晰界限。

爱，最怕，那爱与不爱之间的说不清道不明的，模糊地带。

这段模糊地带，爱着时，爱在闪烁不定的微弱喘息里，艰难跋涉，看不清现在的爱意笃定和未来的山高水长；不爱时，爱在混沌不开的怅然若失里，错失了本该容得一段真爱的时光，如今却看不清已经荒废掉的爱的时光，未来的路将何去何从。

爱的纯粹，是为了在最好的年纪，在最好的时光，遇到最好的人，邂逅最美的爱情。

因为，爱的年纪，在可以定型一段真情爱的时间里，真的很短，谁都没有那么多时光，去荒废、去挥霍、去游戏、去玩弄。以为能够在最好的年纪，尝够各种新鲜的情感，再回头，寻觅一份安定的情感，是最好的把玩爱的方式。

但是，人生如戏，如戏一般的人生，戏弄了那一颗戏弄爱情的心。再回头时，真爱，已然不在。最后，只剩寻寻觅觅后的冷冷清清，想来才知，想要再遇到一个真正适合自己的人，有多难。

爱，最美的样子，是“若爱深情两不相诀，不爱决绝两不相干”的清晰纯粹。

若爱深情两不相诀时。爱，就爱了；爱了，就深爱；深爱了，就相知；相知了，就不想诀。那是怎样的深情，这一世，愿意握着你的时候，从此不再放来；这一生，愿意与你相知，从此山无陵天地合，乃敢与君绝；就算来生，仍然愿意与你相伴，从此，生生世世情缘无绝衰。

但爱是多情，却也是刚烈。爱容不得一丝游离，若不爱，不如决绝两不相干。正如汉代才女卓文君，得知夫君司马相如已有二心，写下了这样的诗句：朱弦断，明镜缺，白头吟，伤离别，锦水汤汤，与君长诀。每一句话，都如一把利剑，冷冽果决：爱在时，我必与君深情两不相诀；爱若不在，我也必与君长诀两不相干。

尘世情爱，谁不奢望最后等到那个白首不相离的人。

可，爱若真的要走，那就请决绝地，与君长诀……

爱情，爱对了，是一场盛宴；爱错了，是一场劫难。

那一天的雨，来得毫无征兆。当她从公司的大厦走出来的时候，看着滂沱大雨中，一对对情侣抱着在雨中奔跑，而自己孤单地站在大厦门口，瘦弱的身体紧紧团缩在一起，浑身瑟瑟地打着冷战时，她才更深地发现，这个年龄的自己，多么需要一段爱情，来煨暖时光。

雨一直下，仿佛永不停歇一般，把独自蜷缩在角落里那个孤独又没有打伞的她，阻隔在冰冷的世界之外。

她正打算咬着牙一头冲向雨雾之中。

忽然，胳膊被一只大而有力的手牢牢地擎住，随即一个男人富有磁性的声音传来：让这么漂亮的女孩儿淋雨太残忍了。她慌乱中回头，一张英俊的脸，在雨雾中潮湿而温暖地闪着微光。男人扬起嘴角微笑着，潇洒而霸道地把伞塞到她手里，转身便消失在了雨雾中。她立在原地，看着他帅气挺拔的背影，在阴暗的雨中耀眼地闪烁着神秘的光芒，她一时恍然如梦……

如果这个世界上，真的有一种感情叫一见钟情，那个在雨中突然出现的男人，就是她生命中，第一次触碰到的，一见钟情。纵使那天冰冷的雨曾经打在脸上，却无法浇灭她内心莫名燃起来的爱火。

她知道自己内心深处，是多么渴望一份白首不相离的爱情，那种一旦爱了便深爱到永不相诀的爱情，她一直在等这样的爱情。一旦这样的爱情到来，就算是一场豪赌，她也会全力以赴。

那次雨中邂逅，爱在她的心里泛起涟漪。那个梦里出现过的身影，那个梦里出现过的情节，忽然就在现实中，原地现形，带着一直以来在她心里描绘了无数次的爱情的样子，骤然出现，让她措手不及。

只是那个曾经有一面之缘的男人，在哪里?

那一天的周末，她如期来到做兼职的书店，同往常一样，她忙碌地穿梭在各个书架之间，为不同的书做着分类。忽然，一个男人的背影进入视线，那略带熟悉的挺拔的身姿，瞬间让她心潮澎湃，难道真的是他?

他回头，她们四目相对，她知道，她望向他的那一眼，便是爱。

那一次，又是细雨霏霏，她还是没有打伞，他们走在雨中。雨丝丝缕缕落在她身上，湿湿黏黏的，仿佛粘住了她爱意萌动的心。她忽然觉得，此刻如果不表白，她就要窒息了。

她用柔得化不开的眼神看着他，说着爱意情浓，说着第一次遇见就爱上，说着此生只此一人，说着爱上便永不相诀。

他似乎听得很认真，眼神却有着难以察觉的闪烁和迟疑。那眼神里，没有爱意翩跹，没有深情款款，那眼神里，闪过一丝清浅的玩味和轻浮的无谓。那眼神，分明看不到情真意切。

只是，被爱迷惑的她，以为他看似认真温柔的眼神里，也如她一般，是深情无限。

无论对错，爱情，总是会上演。

起初的爱，似乎如她期待般美好。他们一起约会聊天，不善言辞的他，总会和她说起很多自己曾经的过往，她也总会耐心地听心爱的人讲自己的故事。只是，渐渐地，她发现，那些故事里，满满的都是对旧爱的追忆。

她总能看到他在追忆旧爱的眼神里，透出来的无限深情，而那种眼神，却从未曾落在她的身上。

那一刻，她感受到了，他并不爱她。也许，那种感情，是爱与不爱之间的模糊地带。她知道，这种爱，是最危险的，是带刺的玫瑰，看似美丽，却能刺痛心扉。她知道，如果他没有深情到两不相诀，她就应该决绝离开，从此两不相干。爱的世界，容不得二心。

可爱到深处的她，还是不忍心走开，以为就算只能在爱与不爱之间，只要留他在身边，终有一天，会感天动地感动他。

这段闪烁不定的爱里，她爱得很艰难，每走一步都让她喘不过气来。她感受不到此刻的爱意笃定，也无法想象这样不坚定的爱，未来的路，会是怎样的风雨飘摇……

那天，他喝了很多酒，当他红着眼睛出现在她家门口时，当他语无伦次地说着他对旧爱如何念念不忘时，她心如刀割。当他抱着她，嘴里叫着另一个女孩儿的名字时，她决意要推开他，决意要结束这一段不被爱的错爱。可是，他却紧紧地抱着她，那个怀抱，恍然间温暖了她的心，她心软了迷惑了，一个可怕的念头升腾而起：不爱又怎样，只要把自己给他，便是拴住他心的砝码。

就在那天，不该发生的事情，发生了。

她以为，她的爱情，从此有了存在的理由。

可不久之后，他还是头也不回地选择了离开，他说他心里忘不了旧爱，他永远没有办法对她一往情深，曾经的暧昧，都是为了填补心灵的孤寂和伤痛。

那一刻，她悲痛欲绝……

她终于明白：爱是一件最彻底纯粹的事情，爱和不爱，也该是非黑即白的清晰界限。当初，发现对方不爱时，就应该决绝而去，从此两不相干，因为，无论自己用情多深，永远不可能感动一个不爱自己的人，也永远不可能让一个不爱自己的人，对爱深情两不相诀。

若爱，需深爱；若弃，需彻底，就不会有如此痛彻心扉的伤害……

爱情，爱与不爱，情深缘浅，聚散离别，似乎都是人间平常事。只是，爱到深处，多情自古伤离别，情到深处人孤独。爱，最怕离别。

那么，不如，让爱与不爱，来得更加纯粹彻底一些，心才不会那么痛。

若寻得了安稳，寻得了欢喜，寻得了深情，寻得了真爱，就让爱情来得畅快淋漓。

若只是，希望某个人，能暂时陪伴寂寥的岁月，能暂时温暖冰冷的心；若只是向往着某个打动自己心扉的人，能跨越爱与不爱的模糊地带飞奔而来。

那么，不如让爱戛然而止……

谁是谁生命中的过客，谁是谁生命的转轮，无论是过客还是转轮，到最后谁都逃不过伤害。爱真的伤不起。

那就，若爱深情两不相诀，不爱决绝两不相干吧……

CHAPTER 8

没有痛不欲生的磨合，怎么会有心有灵犀的陪伴

原来，爱，从未出错。错的，是在爱的锋芒里，不愿妥协的坚硬灵魂，还有那试图用“不合适”作为借口的背离。

放下闪着烈烈冷光的对峙，收起渗着殷殷血迹的锋芒。

只是一个回眸，一个换位，一个转身，再望去，那个合适的怀抱已然张开，等着缘起不灭的情事，蔓延……

世上本没有天生合适的两个人，只有愿不愿在磨合中为彼此妥协的两个人。

甜蜜时，爱是耳鬓厮磨两不疑；磨合时，爱是砥砺前行两不离。

这才是爱情最纯粹的模样，守得住繁华，耐得住磨砺。

如花眷恋，
敌不过似水流年；
风花雪月，
敌不过柴米油盐。
甜蜜时，
爱是耳鬓厮磨两不疑；
磨合时，
爱是砥砺前行两不离。
这才是爱情最纯粹的模样，
守得住繁华，
耐得住磨砺。

磨合到鲜血淋漓，将来必默契到水乳交融

爱里的两个人，是来自两个不同星球的生物，带着自己的利刺，彼此靠近又彼此刺痛。

你有你的习惯，我有我的爱好；你有你的底线，我有我的原则。那么不同，却那么渴望靠近，只是彼此那一根根固执直立着的刺，亮烈如剑，带着盈盈爱意，却也在彼此拥抱的瞬间，让心在触痛间殷殷如血……

爱，是一只飞蛾和一点烛光，带着彼此的柔骨烈焰，彼此冲撞又彼此灼烧。那是寻爱路上冲过千山万水的飞蛾，寻寻觅觅蓦然回首，瞥见灯火阑珊处，那一点烛光，仿佛只是一瞬间便照亮了爱的孤寂。于是，激烈的冲撞，爱到轰烈，爱到浓郁，却也爱到疲惫，爱到荼蘼……

爱，是一块冰和一团火，带着各自的冷寂炙热，彼此吸引又彼此烘干。那是一块清冷的冰，在渴望着被温暖的瞬间，于爱的游走中邂逅了一团火，冰与火的爱情，两重天里的彼此，那么的特别又神秘。爱是奋不顾身，冰不顾一切投入火海，冰消融了火的焦灼，却也冷却了火的热情；火温暖了冰的冷寂，却也烤干了冰的耐心……

每一种爱，都是两个世界里的两个人，相遇人海、相恋红尘，又相杀烟火人间的磨合。

有的磨合，磨走了爱的初心，这样的爱，也许本就轻得吹弹可破；

有的磨合，磨灭了爱的火焰，这样的爱，也许本就燃得不温不火；

而有的磨合，却磨到不再棱角分明、磨到不再一意孤行、磨到不再独善其身、磨到不再唯我独尊……

磨到，愿意为了爱，在彼此的世界里，融合、融合、融合……

那段触痛了彼此的鲜血淋漓的磨合期后，爱，便是涅槃重生。

那时的爱，应该是一块冰，与一汪水的故事。冰与水相遇，冰投入水，慢慢融化，与水合为一体，温雅清淡，不浓不烈，不骄不躁，不癫不狂，不痴不疑，只以舒缓优雅的姿态，清冽地交融着。

那是烟火岁月里的浮世清欢，简单幸福得可以陪着彼此看尽世间细水长流。那是爱的惺惺相惜，在相濡以沫里，相知相眷。你依然是你，我依然是我，你有你的信仰，我有我的坚持，只是我们有了我们的重叠和交集。

那是爱在最初的新鲜试探、最浅的一意孤行、最深的两相愦懑，到最后的华山论剑后，经过一步步艰辛的沉浮起落，在磨合的千回百转中，一点点蜕变的重生。从此，爱不再是一个人的快意恩仇，爱是两个人，两颗心，两个灵魂，琴瑟和鸣，共同舞动的剑影双飞。

挽着这一生，永不再放开的手，在依旧平平仄仄的岁月，寻找云淡风轻的归处，我为你渔舟唱晚，你为我红袖在侧。

爱着彼此，却不再纠缠；爱着彼此，却进退有度。

爱着彼此，那眼神，那心思，已然默契到水乳交融……

爱是一场从吸引，到对峙的情事蔓延。本以为爱很简单，可爱着爱着，爱便成了两个人的战争，硝烟弥漫，势不两立。不知道什么时候开始，爱变得面目全非，不再美好如初。

为什么，相爱那么美好，相处却那么煎熬？

她不止一次这样问自己。

她的爱情，和世间所有的情爱一样，在浪漫里登场。那一年，她和他都是学校高三班里的尖子生，一样的品学兼优，一样的才情盛放，她的冰雪聪明，配着他的温文尔雅，是那么的相得益彰。

那时她喜欢他，他也喜欢她，两颗心在青涩的爱意萌动下，如两团燃烧的火，仿佛只有不顾一切地扑向彼此，才是最好的爱的方式。那时，他们总会在学校走廊里遇到对方时，用火热的眼神望向彼此。

只是，为了彼此的理想，他们必须压抑自己的情感而选择拼命学习。

大学录取通知书下来那天，他考到了南方的一座城市，而她留在了家乡的大学。那天，他们拿着各自的通知书，相约见面，他们第一次这样靠近彼此，四目相对，她把手轻轻放在他的手心里，随着他的紧紧相握，她羞涩地低下了头。

那一天，他们约定，四年的异地恋，他们一定会为彼此坚守到毕业，毕业后就结婚。

只是他们不知道，所谓的异地恋，拉开的不仅仅是空间的距离，更是一段心灵的漫长磨合期。

起初，爱的火热让他们如胶似漆，每天的电话里，总有说不完的甜言蜜语，总以为，爱就该这般无纷无扰，静谧如水。

人生若只如初见，可爱情不是只有初见，还有初见后的无数次短兵相接……

爱情的规律，无人能逃。不知道从什么时候开始，他们的甜言蜜语里，多了抱怨和指责。爱情原本是现实中的真枪实战，争执在所难免，尤其是身在两地，担忧和猜测，让他们的心更平添了几分不安全感。

那一次，她打了一天的电话，可是整整一天，他杳无音信。她就一直拨着那个熟悉的号码，一遍又遍，可那个号码却如石沉大海一般。她疯了一般左右踱步，脑海里反复猜想着各种可能出现的结果，她觉得自己要崩溃了。

那一晚，她彻夜未眠……第二天，他打来电话，没等他开口，她所有的愤怒如火山喷发般爆发而出，化作犀利的语言，以不可抵挡之势纷纷砸落在他的身上。

电话那头，他沉默良久。许久之后，他说他特别想念她曾经的温柔如水，那是可以暖化他心的力量，可是不知从什么时候开始，她变得暴躁不安，从来不给他说话和解释的机会，只知道一意孤行地宣泄着自己的情绪。他说他累了，有了想逃离的冲动……

她以为他会在自己的情绪里，读懂她焦躁背后的担心，可是他没有看到她的担心，却只看到她的愤怒。那一刻，她失望无比。

他们，各自带着对彼此的失望，在爱情的磨合里，进退两难……

但是，因为太爱，他们还是选择了回头，他们约定，以后，一定要给彼此空间，给彼此耐心，给彼此倾诉自己心声的机会。

只是，爱情的磨合，还是会在现实中，不断涌现……

大学毕业，他们在曾经约定的承诺中，走进婚姻。

婚姻，是爱情磨合的制高点。因为婚姻，比爱情更现实和琐碎。

起初的婚姻生活，憧憬的期待总是高于现实的压力，那时，他们总是挽着彼此的手，望着那张两个人笑得灿烂无比的婚纱照，说着岁月静好。可渐渐地，生活的细碎矛盾，把他们的初心变得支离破碎。

那时他们总是吵架，他们的意见出现了分歧，他们的看法出现了分岔，他们的观念出现了差别，他们都希望对方为自己妥协，可最后，谁都不肯为谁妥协。

那一天，不知道是第几次激烈的争吵了，她认为他对事业的态度不够积极，他却觉得他有他的分寸和把握。为此，他们不欢而散，他摔门而出，说他再也不想回这个家。她泪流满面，绝望地喊着离婚……

那一次，她真的下定决心要离开。在去民政局办理离婚手续的路上，天空下着雪，寒风凛冽，他忽然拿出一直放在包里的暖宝，递给她，满脸担忧地叮嘱她，在没有他的日子，记得带着暖宝。

她有先天性胃病，每到冬天，他都会习惯性地为她随身携带暖宝。那一刻，她忽然感到他们的爱，其实从未走远。她泪眼婆娑地回头，他张开手臂，拥她入怀……

从此，他们约定，不再一意孤行，不再固执己见，要在彼此的融合里，琴瑟和鸣……

爱上时，爱便是艰难跋涉里，彼此眷恋，又彼此折磨的千回百转。

如花眷恋，敌不过似水流年；风花雪月，敌不过柴米油盐。

甜蜜时，爱是耳鬓厮磨两不疑；磨合时，爱是砥砺前行两不离。

这才爱情最纯粹的模样，守得住繁华，耐得住磨砺。

磨合到鲜血淋漓，也必默契到水乳交融。

两个不同的人，
性格注定是迥异的。
人世间，
所有惊艳了时光的爱情，
都是经过岁月的磨合，
两颗心在包容中，
收起曾经满身尖锐的刺，
才换来了那个适合彼此的怀抱。
多好，
爱终于在那个合适的怀抱里，
缘起不灭……

收起尖锐的锋芒，爱在合适的怀抱里缘起不灭

爱，有时美艳得让人心醉；有时，却也对峙得让人心碎。

爱情，是一处硝烟弥漫的战场，那两个在爱的目光里走向彼此的人，以为爱很简单。不承想，相爱容易相处难。爱在短暂的“人生若只如初见”后，成了每天在烟火人间无数次相见的短兵相接。

你带着你的刀，我带着我的剑；你有你的坚持，我有我的思维；你有你的战局，我有我的阵营……车轴相撞，刀剑相碰。每一次的交锋，爱恨绵绵都在刀剑擦出的火花里，交织着出现。

带着爱恋抵死缠绵，又带着锋芒抵死相峙，千回百转间，走不出的，是两颗在爱的烈烈风烟里残破不堪的心。最后，不知是爱战胜了恨，还是恨战胜了爱，不知是谁赢了谁的坚持，谁败了谁的阵营。爱，带着伤痕，在战火中喘息……

忽然，一句“不适合”，在爱尖锐的交锋后，被横空抛起，抛出一个大大的弧度，划过爱的夜空，如陨石般摇晃着，狠狠坠落……

很多爱，在不合适的借口里，断裂成殇。

其实，所谓合适，不是上天给某个人，特定预设而成的佳偶。世间从来没有这样一个人，是以最完美、最契合的造型和姿态，为另一个人的需求而塑造；也没有一个人，可以用最适合的边缘，和另一个人以不留一丝缝隙的接触，而吻合在一起。

寻爱路上，让两个紧紧相拥的灵魂，契合到天衣无缝，是爱情最美的幻想，更是烟火人生里的不切实际。

更多的时候，爱，是带着各自曾经固有的习惯，在寻寻觅觅中，在那一眼暗送的秋波里，渐渐吸引着走近彼此的亮烈宣言。那誓言，曾经撼动心扉：发誓要和你相爱一生，一生还是太短。本以为，那誓言，只要记在心里，就可以是一生一世；本以为，那爱，简单得只要说一句我爱你，就可以在现实里璀璨。

经年之后，方才知，那爱，是两个来自不同世界的人，结伴走在同一个空间后相爱又相杀的战争。那爱，是每天相见的菜米油盐，是漫长岁月的朝夕相对，是永不停歇的磕碰琐碎……

爱，从轻启朱唇的誓言里，一跃成为现实里的岁月相见。现实，远比想象，更沉重。

爱，不是在磨合里，仓皇而逃；爱，是在相爱相杀里，寻找着、摸索着，适合彼此的方式……

于是，一个人的习惯，碰到另一个人的习惯，渐渐融合，灿烂成一个微笑就可以照亮彼此的星光与月色；一个人的坚持，碰到另一个人的坚持，渐渐妥协，柔软成了伸出爪子就可以攀缘在一起的八爪鱼；一个人的锋芒，碰到另一个人的锋芒，渐渐收敛，温暖成了春日里可以照亮爱情彼岸的阳光……

两个不同的人，性格注定是迥异的。人世间，所有惊艳了时光的爱情，都是经过岁月的磨合，两颗心在包容中，收起曾经满身尖锐的刺，才换来了那个适合彼此的怀抱。

多好，爱终于在那个合适的怀抱里，缘起不灭……

爱在相遇的最初，总是美得让人忘记现实。以为那个看似合适的人，会是一辈子的默契。

不承想……

就像她的故事，一样开始于爱情童话。

她上下班，都会经过一片小桥流水的园林，路边的亭子有着黄色琉璃瓦的飞檐，非常壮观。每次经过这里，她的心都会洋溢着暖暖的情怀。因为，那个夏天，她就是在这里邂逅了他。

爱情就像一幅画，落笔时总有唯美至极的笔触，每一笔都带着对未来的憧憬。那是爱起初最美的描绘，想象着可以日渐清晰地刻画在心里，可以把专属于彼此的足迹、可以把所有关于青春和爱的记忆，在爱意缠绵的幕布上，流淌蔓延……

在一起的时光，是爱情最好的见证。

爱在现实里相见，剥去初见时两个人伪装的光鲜外壳，爱现出了原形。于是她看到了他的问题，他发现了她的缺点。爱渐渐变了味道，失了颜色，爱渐渐在彼此的锋芒里，短兵相接。

在她眼里，初见时，随性、简约的他，渐渐变得邋遢懒惰。她以为自己有足够的时间，足够的耐心去改变他，改变他嗜烟、好酒、喜欢网游、不修边幅的坏习惯。

可是他却带着自己的锋芒，不愿意改变。他们的争吵，越来越多……

那次，作为网游设计师的他，接了一个大型游戏项目的开发工作，于是那段时间，他每天都会蓬头垢面地坐在电脑前没黑没白地画。一向不拘小节的他，总会把自己埋在一堆烟头和空酒瓶子中，伴着满屋刺鼻的怪味工作。

一直有着洁癖的她，晚上下班回到他们的合租房里，看到满屋子的狼藉，起初总能隐忍着默默地整理。

她的洁癖，遇上他的邋遢，势必是一场战争。

渐渐地，她变得忍无可忍了，她开始一边收拾一边抱怨。她说她理解他的工作，也知道他有自己的习惯，但是爱情是两个人的世界，她希望他也能理解她的感受，每天带着工作了一天的疲惫回到家，不光要承受满屋狼藉的烦躁，还要承受整理房间的劳累，对她而言真的是一种难言的痛苦。

埋在电脑后面的他，皱着眉头看着她，以同样抱怨的口气，说着自己的不易。他说以为自己的努力会赢得她的认可和赞誉，而她却仅仅为了房间不够干净，而喋喋不休地指责已经辛苦工作了一天的他。

他表情痛苦地低下头，忽然决绝地说，如果在一起觉得不开心，也许是彼此真的不合适，那就不如离开。

她流着泪抬头看他，望着这张曾经熟悉无比，如今却无比陌生的脸，夺门而去……

他们说好，先分开一段时间，给彼此一个冷静思考的空间。

刚分开的那段日子，她一度很痛苦。她想了很多，他们的爱情，不知从什么时候开始，缠绵，被冷冽替代；温暖，被锋芒刺痛；相知，被相疑割裂；相爱，被相杀屠戮……爱，在日月相见里，被损伤得支离破碎。说好的“一人心不相离”，也在世事风烟里，被吹散着渐渐走向凌乱。

好几次她心灰意懒地认为，她们也许真的不合适，她也曾经以为斩断爱意缠绵，也许就是解脱。

可是，离开就一定是解脱吗？如果离开可以解决所有问题，那么此刻的她，为什么还会如此心痛不已？

爱情，终究不是童话，爱是烟火岁月里的朝夕相见，是平凡世界里的熙来攘往。电光石火的摩擦，是爱在细水长流的岁月里，最常见的模样。就算离开后，遇到下一段情，也一样会有摩擦。

而且，他们的爱其实一直都在，只是爱在锋芒尖锐的对峙里，受了伤。

她想，与其痛苦地离开，不如收敛锋芒，让爱在该有的圆润和柔和里，慢慢疗伤，慢慢愈合，慢慢融合，慢慢找到适合彼此的相处方式……

一个月后，他的网游设计顺利完成，拿到设计费的那天，他给她打电话，说着无尽的思念、说着不能没有她、说着未来愿意为她收敛自己的锋芒、说着以后的日子愿意为她改变。

她在电话那头，幸福地莞尔一笑。

他们的爱，有了继续的理由。他们终于明白，爱不是在

“不合适”的借口里草草收场。爱，是在漫长岁月里，两颗心的碰撞与妥协。

他们知道，未来那么长的岁月，他们的爱会在彼此的包容中，永不绝衰……

原来，爱，从未出错。错的，是在爱的锋芒里，不愿妥协的坚硬灵魂，还有那试图用“不合适”作为借口的固执。

放下闪着烈烈冷光的对峙，收起渗着殷殷血迹的锋芒。

只是一个回眸，一个换位，一个转身，再望去，那个合适的怀抱已然张开，等着缘起不灭的情事蔓延……

迫不及待的爱，
在一瞬间里，
所有需要时光慢慢验证的情节，
堆积着发生，
势必紧凑到慌张难耐，
急迫到草率莽撞，
疲累到无法呼吸。
爱，
最后也必气竭而亡。
而慢慢渗入的爱，
却在每一个该有的情节里，
静静地在时光的流转里，
酝酿着情愫，
经历着磨砺，
一点点荡漾到细水长流，
拼凑成地老天荒……

迫不及待的爱无处安放，慢慢渗入的爱在安详里缱绻缠绵

爱，是一场花开的情事。

开放的过程，是爱生命雏形的形成。浅相遇，慢慢融合，温雅舒缓地盛开；才能深相知，馥郁浓烈地绽放，将爱深锁于时光深处。一场圆满的爱情花事，大抵如此。

爱的生命，取决于爱的成长方式。

有一种爱，爱的疾走如飞。相逢于人海，一个眼神定乾坤，此刻，爱是万马奔腾的荒原，干柴烈焰，一触即发，爱在荷尔蒙里肆意绽放。目光所及之处，皆是那个人温柔的音容笑貌，眼里再无别的风景。情不知所起，不问其所以，爱是磁力线上不断靠近的彼此。

没有判断和考量，没有过程和斟酌，太想爱的心，经不起爱在等待里的起起落落，仿佛爱稍有停留，就会立刻分崩离析一般。于是伸出的手，紧紧抓住不肯放开，那抓握，快而急，每一个利落的动作，都在宣告着爱的速度。

似乎只有这样快马加鞭的爱情，才能在最短的时间内，扼住爱情的咽喉，把握爱情的命脉，让爱在最短的时间内，得到最快的安置。

风驰电掣的爱，把爱最美的元素：相遇、相望、相牵、相拥、相吻、相眠……这些原本需要慢慢在爱的时光里酝酿的美好，浓缩在短暂的时间里，堆积着仓促发生，发生得那么一闪而过。仿佛只是一瞬间，爱就完成了。

好像一颗没有经历花开花谢草长莺飞，就坠落的青果，生命的过程在急迫里被揠苗助长。爱，若没有慢慢孕育而生的根，爱得再浓烈，也不过是荼蘼。

爱，终会在迫不及待里，无处安放，虽浓烈得刻骨，却也短暂得蚀骨。

有一种爱啊，却可以在安详里绵延。那是一弯浅浅的碧水，轻轻涤荡着两颗慢慢靠近的心。相遇时，一眼望去，知道这就是想要的爱情。开始时，爱是你我，用心交织的生命，你是你，我是我，我们是不同的灵魂，却在相同的爱意缠绵里，珍藏彼此。

从此，爱不是疯狂侵入彼此的世界，爱是游经那个人的船舷，望着那个人的身影，在心里，让情事默念成永恒。从此，爱不是必然到达的某个彼岸，爱是寻常巷陌里，渐渐酝酿而熟悉的情事。

爱最好的结果，往往开始于最细微精巧的过程。

于是，爱是此刻无声亦有声的默契对望，爱是每一天一点一滴的深入熟知，爱是走近彼此的心就再也不愿走出的担当，爱是走入彼此的世界经历对方的悲喜为彼此背负一切的笃定……

那时，那些相遇、相望、相牵、相拥、相吻、相眠……每一种爱的元素，伴着爱的成长，都会在岁月里慢慢轻启、缓缓渗入，舒缓而悠然地，在爱的生命里，花开不败，掷地有声。

情事荡漾，爱一点点在时光里，慢慢叠加，水到渠成，述说着地老天荒……

这样的爱，终将在安详里，缱绻缠绵，用尽一生的时光，说着岁月窈窕。

相爱一生，一生却还是太短……

那一年，他们相爱。

像人世间所有烟火男女的爱情一样，一个眼神望去，便是心动神驰。

他们是舞蹈学院的老师，于草长莺飞的春日，相遇于校园的某个转角处。那一天，他们骑着单车相撞，只是一瞬间，那个眼神黑白分明的男孩儿便一下子冲进了她的视野，心仿佛被震荡到漾起甜蜜的波纹，瞬间又幻化成无法言喻的疼痛感，这种特别的感觉，正是她憧憬已久的爱情滋味。似乎在那个时候她就已经知道，他将成为陪自己走完这一生的爱人。

眼神的触碰之后，他们很快交换了联系方式。

爱在一次相撞之后，似乎注定了他们来势汹汹、最后却去意无痕的情感。

第二天，他们便直接启动了约会程序，他们如两匹奔腾在荒原的马儿，爱意嘶鸣，鬃毛纠缠，一次对望，还没来得及牵手，就已经紧紧相拥。爱仿佛长了翅膀，不愿稍作停留，只想振翅高飞。

那一刻，她在他的怀里，以为爱情，以最快的速度，找到了最好的安置。

他们甚至还来不及了解彼此的一切，爱便肆意生长。

那一天，距离相识一周的时间，他在城市中心广场上，在熙熙攘攘的人群里，在众目睽睽之下吻了她。他说，他想要全世界来见证他们的爱情，她也不曾犹豫，便献上了视为珍宝的初吻。他们以为，那不是冲动，那是爱情最急速利落的宣誓。

他们以为，一瞬间，便是一生。

十天后，他们开始了同居生活。还没来得及体验恋爱的神秘感，就进入了琐碎的寻常烟火日子。要知道，所有寻常日子，都需要深厚的情感基础作背景，否则，那些索然无味的日子，终会将爱的纯美与简单，一点点磨蚀。

他们的舞蹈职业，技艺不离身，需要长时间的投入。每天的忙碌，成了他们最大的情感障碍。聚少离多，让原本感情基础薄弱的彼此，多了猜忌，少了信任。

他们身上都有的强势性情，也在两个人朝夕相处的日子里，显山露水，愈演愈烈。每一次的争执，本以为对方会为自己妥协，可最后还是谁都不肯让步。

起初，他们还曾一起切磋工作，彼此嘘寒问暖，虽然激情略减，但还算相安无事。可后来，事业规划的分歧、生活方式的差异，使他们连共同话题都不再有，当爱情失去了和谐的三观，也就失去了生存的资本。

短时间浓缩而成的爱，完成得快，离去得也快。

于是，他们没有根的爱，最后在分手里，化为荼蘼……

此后很长一段时间，她不敢再爱上谁，不是不需要爱，是畏惧爱里的伤害。

再次恋爱，是三年后，那时的她已没有了当年的莽撞与冲动，爱也平稳而舒缓。

她与男人依然结缘于舞蹈。那时，男人刚毕业进入学校教授舞蹈课，和她成了同事。男人比她小五岁，在她眼里，他是个单纯的毛头小伙子，英气逼人的样子仿佛青春时的自己。他相貌俊朗，身材挺拔，舞蹈功底熟稔，一来就挑大梁，和经验丰富的她成了一个组的舞伴。

第一次排练，他们在华尔兹唯美的旋转中配合默契。她发现他是一个悟性很好的舞蹈奇才，只是从舞步里看出了他性格的躁动，当她委婉地指出他的问题时，他认真地看着她的眼睛，专注地聆听，并微笑着露出一口大白牙。

她看着他干净纯真的脸，心动莫名蔓延。透过眼神，她也看出了他眼里的喜爱和欣赏。

她不再像曾经那样，那么草率而武断地判定那一眼心动，就是迫不及待要靠近的爱。她只是知道，她有了重新开始一场爱情的念头。

那个排练结束后的晚上，他送她回家。他们肩并肩走在秋风习习的林荫路上，随意地聊着对工作和生活的感悟。虽然对很多问题都各持不同的观点，但是他们总是耐心地聆听着彼此的心声，而不是在争执里各持己见。

他们对望着彼此的眼神，仿佛投过岁月悠然静静落定在对方身上的一缕晨光，干净清澈得让人觉得，原来真正的爱，也可以这样舒缓静谧。

爱在心中萌发，炙热却不狂野，在两个相爱的人心中，如涓涓溪流般，慢慢淌过。每一次相处的时光，都是彼此了解的爱情积淀。他不善言辞，有着极强的自尊心；她口齿伶俐，内心却极度缺乏安全感。于是，在一起的日子里，她总能用她的活泼打破他的沉闷，于是他们的爱情也变得灵动而鲜活；她读懂了他的自尊，于是她会在每一次的相处中给足他面子；他看到了她内心的脆弱，于是他总是能在每一次的陪伴里给予她足够的安全感。

渐渐地，他们在爱的缓慢行走中，一点点在思念里酝酿着时时刻刻想要见到彼此的牵挂。爱，终于在水到渠成时漫上来，走到了想要表白的爱情时段。

那个下着雨的傍晚，他轻轻拉起她的手，认真而坚定地说着执子之手与子偕老。她微笑着看向他的眼睛，她知道，那眼神里，是深思熟虑后对爱情的笃定……

沈浸在爱情中的他们，和所有的恋人一样，体验着甜蜜、等待、相思和缠绵。他们深深地眷恋着对方，心每分钟都在为彼此燃烧。

本以为，爱会一直在这样岁月静好的时光里，波澜不惊地走下去。

永远太远，除了时光，无人能抵达。

就在他们的爱走到第二年的时候，莫测的人生将她骤然置于无望之中。那是一次舞蹈演出中，她从高台坠落，后背重重地撞在地上，一阵剧痛使她失去了知觉。醒来后，她躺在医院里，腰上缠着厚厚的绷带，医生告诉她，她的腰部受到了严重的创伤，如果恢复不好可能会造成终身残疾，而且从此她不能再跳舞了……

她泪眼婆娑地望着一直陪在自己身边的他，继而推开他紧握着自己的手，声嘶力竭地哭喊着让他走，她说她不想拖累他，不想用所谓的责任绑架他，更不想他是为了怜悯她而留下来……

可他握着她的手，坚定有力，不曾有一丝松开的念头……

岁月悠悠，时光变迁，他一直陪在她的身边，从未离开……

迫不及待的爱，在一瞬间里，所有需要时光慢慢验证的情节，堆积着发生，势必紧凑到慌张难耐，急迫到草率莽撞，疲累到无法呼吸。爱，最后也必气竭而亡。

慢慢渗入的爱，却在每一个该有的情节里，静静地在时光的流转里，酝酿着情愫，经历着磨砺，一点点荡漾到细水长流，慢慢地流到地老天荒……

所有的爱情，
都是在轰然迸发的激情里亮烈而生，
继而在慢慢冷却的平淡里，
一点点过渡，
走向恬静简朴，
走到寻常巷陌。
于是，
能否跋涉过平淡苍白，
在寻常人生里携手泅渡；
能否经受得住生活的考量，
在每一个日出日落的日子里细水长流，
是爱情生命能否绵延不息的根源。

跋涉过平淡苍白，窥见心有灵犀的烟火时光

爱情的故事里分分合合，终是因为人们守不住岁月漫长里，情感的平淡苍白。

所有的爱情，都是在轰然迸发的激情里亮烈而生，继而在慢慢冷却的平淡里，一点点过渡，走向恬静简朴，走到寻常巷陌。

经过过渡的渡口，爱情在冷暖起落里，在由浓到淡的落差里，变得动荡不安。可想而知，原本燃烧到沸腾的情意缠绵，渐渐在岁月里褪去铅华，慢慢凝成最寻常平淡的烟火时光，心，难免会真真切切地感受到，从浓墨重彩到清浅平缓的落差。

如花美眷，敌不过似水流年；花前月下，敌不过柴米油盐。

爱情到最后，在琐碎的生活里，简单纯粹不见了，诗情画意

不见了，就连蜜语甜言，在时光的磨蚀下，也变得轻描淡写。于是，爱情最后都会把重墨重彩涤荡成平淡苍白，无论内心多么的不舍。

于是，能否跋涉过平淡苍白，在寻常人生里携手泅渡；能否经受得住生活的考量，在每一个日出日落的日子里细水长流，是爱情生命能否绵延不息的根源。

那些日子，是爱情最好的锻造，繁华落尽，一切水落石出，撕去伪装和面具，爱呈现出了最真实原始的状态。两个人赤裸裸的真性情的碰撞、坦荡荡的真实感受的交锋，或许会彼此对峙、会彼此排斥、会彼此刺痛……

但是，当所有的狭路相逢，变成了水乳交融，所有的挥刀相向，变成了心有灵犀，爱便也修成了正果。

于是，在那一个个指尖触手可及的日子、在每一个朝来暮去的清晨与黄昏，只要相爱的人在身边，两个人便可以在平淡岁月的门扉下，种下陪伴和相守，长出最久远的漫长一生……

一直以来，她都在期待一份可以惊艳时光，又可以温柔岁月的爱情。

依稀记得，那年的相遇，眼波流转间，爱便在两个人心中如水漾开。所有的爱情，都是在激情里的突如其来。她的爱情也不例外。

爱的最初，爱情是幻想里衍生出来的自我感受，爱总会被描绘得仿佛不食人间烟火一般，那是年少时幻想过的幸福的模样。于是，她和他在一起的每一天，都过得诗意盎然，希望能够在现实中还原想象之中的爱情。

于是，两个人经历着最初爱情里所有的惊天动地、海枯石烂、至死不渝……好像不在爱里遍体鳞伤死去活来，就不算真正的爱情。

他们也曾挽着彼此的手，说着山盟海誓，说着非你不嫁，非你不娶。他们也曾把相爱的日子过成清风明月，以为只要有爱，生活的每一天都是你侬我侬，未来的漫长一生，都是两心相悦。

可所有初见的爱情，总有一天要在烟火岁月里，走进柴米油盐，走进寻常巷陌，走进深不见底的世事之中。诗意不见了，狂热不见了，曾经的爱意蹁跹，被变幻莫测的世事挟裹着，走向了黯淡。

爱，原本就是两个不同灵魂的融合，两个不同性格的碰撞，两个不同思维的交锋。当激情和热情在时光的冲荡中渐渐远逝，爱情便在平淡苍白里，失去了栖身之所。

似乎，那些被云淡风轻的日子，一点点淹没了的爱的激情，就要在现实里苟延残喘着走下去了……

她感受到了前所未有的恐慌，她不知道他们的爱情该何去何从……

那一天，她生病，发着高烧迷迷糊糊给他打电话，本以为忙于工作的他只是安慰几句作罢。可很快他便带着满脸的焦急出现在她前面，把虚弱的她揽在怀里。他的臂膀坚实有力，那紧握的力度，好像要把全世界最温暖的保护给她。她看着他焦急地围着她端水喂药时忙碌的身影、摸着她的额头时脸上因为担忧淌下的汗滴、看着他在厨房低着头做着没有盐味的清水挂面……

那一刻，眼泪忽然模糊了视线，透过泪眼婆娑，她忽然发现，曾经麻木到想要放弃的爱情，其实从未走远。它就在身边每一个平淡的日子里，在每一次触手可及的温暖里，在每一段惺惺相惜的默契里，在每一处不被遗忘的点滴陪伴里，在每一次不离不弃的安定相守里……

只是，爱情在浪漫褪去的烟火时光里，渐渐剥去了最初艳丽的华服，换上了最寻常的素简布衣。而这种爱的洇渡，本是岁月对真情能否经得住磨砺最好的验证。

她忽然看懂了这其中所蕴含的爱的玄机。

她知道，这寻常巷陌里的爱情，才是最长情的陪伴。

那些如水般清淡，却也如月般清朗的日子，虽然已不再如爱之初那般激烈狂热，但爱渐渐归于静谧的安稳感，却如涓涓溪流一般，为心找到了停靠的栖息地。

那些平淡的生活里，爱在随处可见的细节中，慢慢沉淀成永恒：

吃饭时，他总会不停地为她夹喜欢的菜，看着她一点一点把他的爱吃下去；她也总会在他工作一天回家后，用最温暖的照顾慰藉他疲倦的心灵。逛街时，他会在她鞋带松了的时候蹲下来帮她系鞋带；他忙着干活，她会拿起毛巾拭去他满脸滴落的汗水……

她知道，为了给她更好的生活，他每天如夸父追日般努力工作着，只是为了要把全世界最好的都给她。那些陪伴着她走过的日子里，他克制着自己的物质欲望，就算生活再拮据，他也会满足她所有的物质需求，让她过着衣食无忧的生活。

他被工作搅得焦头烂额的时候，她会静静地倾听着他的心声。她了解他所有的缺点和无奈，她愿意陪在他身边用最大的温柔去包容。

她从来没想过未来的爱情，将归向何处，她只想过好这触手可及的每一天，在每一个平淡从容的日子里，带着简单的心，编织着生活里每一处细枝末节的相守。那是爱的隐隐回归，曾经的海誓山盟显得如此苍白无力，曾经的甜言蜜语也变得如此轻薄如纸。爱在平淡中，沉淀出真实厚重的永恒力量。

她知道，这就是她想要的爱情：跋涉过平淡苍白，在心有灵犀里升华的烟火时光。

爱情，是一场烟火蔓延，所有的燃烧，终会渐燃渐淡，终会在不断涌现的苍白里，走进寻常巷陌的寻常日子里。当爱在日常的琐碎里相见，方才知道，谁才是我们最后的风景，谁才是一直陪在我们生命中的人。

那是一生只一人、一生只一心，一生只愿意陪你看细水长流的亮烈心声，在时光中深锁。

那是平淡岁月里，心有灵犀的烟火时光，在岁月深情里，摇曳生姿……

CHAPTER 9

黯淡时的不离不弃，
才配得上繁华时的深情相依

世事如风，世事如霜。

如风世事，是爱情最好的验证。爱情里风起云涌时，有些人，吹着吹着就散了；有些人，飘着飘着，就淡了。

只有那个倾心陪伴的人，拼命抓住爱的青藤，不肯放手、也不肯离去。

如霜世事，是爱情最好的解读。爱情里寒意凛冽时，有些人，瑟瑟发抖间转身了；有些人，不胜寒意间远去了。

只有那个不离不弃的身影，倾尽全力，伴君左右，在世事颠沛起伏间，如影随形……

你若风雨未央里共苦，我必锦绣繁盛间同甘。爱情里，永远没有唾手可得的繁华相依。

没有共苦，又怎能配得上他的同甘。

爱在人生若只初见里，
执手相看两不厌，
是人之常情；
爱在风平浪静的日子里，
执念相守两不疑，
是人之常态；
而爱在世事起伏的颠沛间，
依然如影随形，
却是人之至情。
至情，
情之所至，
情之所终。

世事颠沛起伏间回首，你如影随行

那一年，他们相爱。

如尘世间所有的爱情一样，爱在如梦如幻的海市蜃楼里，走进了狼烟四起的现实中。现实赤裸裸地横亘在两颗曾经爱得风清月白的心中，爱的世界，变得不再单纯清澈，变得不再只要有爱，就一生相安无事。

爱在现实里，被现实得残酷无比的事情，掷地有声地砸在了必须要面对的眼前。眼前，不再有美景如梦、不再有风流恣肆、不再有花前月下；眼前，是棘手的生活难题，在真实的日子里上演，爱情也开始在“从浪漫到琐碎”的跨越中，无声地上演。

爱在人生若只初见里，执手相看两不厌，是人之常情；

爱在风平浪静的日子里，执念相守两不疑，是人之常态；

而爱在世事起伏的颠沛间，依然如影随形，却是人之至情。

至情，情之所至，情之所终。所谓“终情”，比“钟情”，更凝重久远。

“钟情”，是灯火阑珊处回首，伊人在隔岸观花的碧水一方摇曳生姿；“钟情”，是远离现实时放眼，爱情在甜蜜悸动的时光里浪漫生辉。

而“终情”，是世事动荡起伏间回望，你依然站在爱的来时路，以千年不变的姿态，如影随形。

纵使两个人的家庭背景隔着山高路远、纵使两个人物质世界横着无法填平的沟壑、纵使两颗心被现实磨砺得千疮百孔……也终能在爱的坚守里，敌过那无情的世事如霜……

那是爱最坚韧笃定的宣言，只要有爱，便是不变的前世今生……

那年，她和他大学毕业，他是来自农村的穷小子，她是城里家室显赫的富家女。从开始恋爱，她的父母就表示出强烈的反对。但是心有笃念的她，还是违背了父母的意愿，执意选择和他在一起。

毕业后，为了逃避家人的阻挠，他们约好不回家乡，一起留在这座繁华的城市里。

那时，市中心的房租高得惊人，他们在城郊租了一间三十平方米的小屋，用了两天的时间装饰好自己的爱巢，从旧货市场买回掉了漆的木床、书桌和沙发。望着这个初具规模的简单的“家”，他揽她入怀，满含幸福又略带歉意地说，他会用三年的时间，让她住进两室一厅的房子里。

她莞尔一笑，深情地望着他说，不管两室一厅还是没室没厅，只要有他，就是幸福。

他凭着自己的能力，一个星期便找到了一份收入可观的工作。她也在城郊的中学当了一名老师。生活就在两个人携手努力的憧憬中开始了。

起初，他们的生活艰难拮据。他每天下了班以后总会骑着自行车到菜市场去买菜，汗流浃背地推着车在熙熙攘攘的人群里挤来挤去。回到家的时候已经很晚了，他会疼惜地亲一下她的额头，然后在门外的走廊上用那台沾满了陈年油垢的煤气灶做饭。有时到了月底，身无分文时，他就天天做土豆汤。看着她带着一脸幸福吃着食之无味的饭菜，他内疚无比。

一年后，聪明能干的他，被提拔为经理，薪金一路飙升，他们的生活质量也开始不断攀升……

升职不久之后，他们便有了自己的第一辆车，坐在车里，他握着她的手，承诺着要给她越来越好的生活，他说自己一定能做到。

两年后，已经是总经理的他，在市区繁华地段买了一套多年前他承诺一定要给她的两室一厅的房子。住进新居的那一天，他举着她在光洁明亮的地板上欢呼雀跃地旋转着，她兴奋地张开双臂仰起头，幸福的眼泪在旋转的眩晕里滴落……

三年后，他开了一家自己的公司，两室一厅的房子已经换成了两百平方米的复式。他摸着她的头，内心宽慰无比，他终于可以把最好的，一点点给她。

五年后，他的集团公司上市，他成了显赫一时的商界精英。他们的生活已然进入了上层社会。别墅香车宝马，对他们来说，已经不再是遥不可及的梦。

看着跻身名媛的她，他内心欣慰无比，他终于为她营造出最好的生活。

本以为，生活就会这样，一直幸福美好下去。

可世间所有的美丽，都经不起世事颠沛起伏间，无常的算计。刹那之间，风云变幻，满地落花。故事里风烟四起，人生已不是从前的模样。

七年后，他的公司宣布破产。

他们，又回到最初那些艰难拮据的日子，又把他们推到了赤裸裸的现实面前。

世事沧海桑田，戏剧得让人措手不及，也突然得让人无法接受。

他一度万念俱灰，豁达平和的她却坦然地接受了这一切。他的伤痛，也在她的安慰中慢慢愈合。

她说，无论世事如何颠沛，她都会如影随形，在他们的爱情世界里。

她又回到了从前简衣素食的生活。他知道她喜欢打理瀑布一般的长发，修饰纤长细嫩的手指。可是，当繁重的家务活重新回到生活中时，她又开始学着慢慢去适应生活变故带来的种种无奈。

那一年，他们去外地打工。年味刚褪的城市还吹着春寒料峭的风，寒风凛冽，闻不到春暖花开的气息。他们在一个筒子楼里搭了张床，添了个蜂窝煤炉算是安下了临时的家。

他找了一份建筑工程的临时工；她却做了一辆做麻辣烫的手推车，在城市的街头租了一块地，开始了风餐露宿的工作。

每天，她都会在清晨暮霭重重的寒风里，伴着朝霞出门。夜幕阑珊时才拖着疲惫不堪的身子回家。每天她都感觉身心濒临崩溃，但在爱情的信仰下，她和他还是在世事颠沛起伏间，熬过了一天又一天。

大多数的日子，他下班后都会去她收工的路口接她，顺便可以帮她干活。那个堆满枫叶的路口，浓缩了他们那时候的爱情。两个幸福的人结伴走过悠长的小路，街灯闪烁，照亮了那一对患难与共的身影，成了一道让爱永恒的美丽风景。

那一天晚上，想到他们颠沛起伏的生活，想到她跟着他吃了那么多苦，他久久不能入眠……

他翻了个身，看到她的一双手露在外面。那是一双长满老茧和冻疮的手，每一处都是她为了他们的生活操劳而留下的痕迹。他轻轻地捧起她的双手，泪流满面。

他知道，为了陪伴他一起度过生活中最艰难的时刻，这几年，她从来不乱花钱。生活每天就像是没有尽头的拼搏，满满当当，他已经很久没有带她去过商场，很久没有带她出去吃她喜欢的美食……

他心如刀割，深深的自责在心头翻涌。

第二天晚上，他一如既往去路口接她。他静静站在她忙碌的身影背后，轻轻地把一条新买来的纱巾，系在她的脖子上。她蓦然回头，惊讶地望着他。他拿出一瓶冻疮膏，一点一点抹在她长满老茧的手上。

她看着他，泪如雨下。那一刻，她知道，她所有的付出，是值得的。

那一刻，他知道，他爱上这样患难与共的女人，是值得的。

后来，原本聪明有能力的他，加之勤奋能干，得到了公司老板的赏识，提拔他当了队长……后来，他当上了建筑工程师，物质生活回暖，在城里买下了一套大房子……

再后来，他成了商界知名地产大亨，一度叱咤风云……

而在他的心里，最温暖美好的事，还是回到家，看着她温柔安详的笑靥，在灯下泛着不变的光彩，那才是内心深处，真正的幸福……

世事如风，世事如霜。

如风世事，是爱情最好的验证。爱情里风起云涌时，有些人，吹着吹着就散了；有些人，飘着飘着，就淡了。

只有那个倾心陪伴的人，拼命抓住爱的青藤，不肯放手、也不肯离去。

如霜世事，是爱情最好的解读。爱情里寒意凛冽时，有些人，瑟瑟发抖间转身了；有些人，不胜寒意间远去了。

只有那个不离不弃的身影，倾尽全力，伴君左右，在世事颠沛起伏间，如影随形……

这世间最高贵最隽永的爱情，
便是同甘共苦。
这样的爱情，
可以高贵得掷地有声，
亦可以心安理得地昂首而立。
你若风雨未央里共苦，
我必锦绣繁盛间同甘，
爱情里，
永远没有唾手可得的繁华相依。
没有共苦，
又怎能配得上他的同甘。

你若风雨未央里共苦，我必锦绣繁盛间同甘

这世间最高贵最隽永的爱情，是同甘共苦。

爱情本是比翼鸟，现在风雨未央时，你相伴左右；那么，将来锦绣繁盛间，我必深情以报。

爱情里最真实的陪伴，不是甘之若饴时，而是风雨未央里。

爱情世界里的相随，无非甜与苦两种。也就是说：爱情的世界里，有甜日子，也有苦日子。很多爱情，爱的最初，都有一段物质世界不够丰富的“苦日子”，此时，如果你愿意陪我跋涉过最艰难的这段“苦日子”，那么，在未来的“甜日子”里，你就是我锦绣人生里当之无愧的王者，你也是配得上我用最好的一生来相守陪伴的人。

如果，你只愿意在“甜日子”里和我相安无事，却不愿在“苦

日子”里和我相濡以沫，那么，在未来我的“繁华人生”里，你便配不上我的锦瑟陪伴。

于是，爱情在甜与苦之间，流转飘忽；爱情的归属，也在甜与苦之间，来去不定。

流转不定间，爱情在甜与苦里，挟裹着世事，在现实的风起云涌里，真实地登场。那是爱的甘之若饴，爱的风云未央，把爱的真伪，在现实里赤裸裸地剖开，让每一个真正走过爱情的人，在自己的世界里，看到爱情的真相。

爱情，终归要在甜与苦里，露出最本真的面目。

一种爱情，不问其爱之从何而起，只问其爱之物欲从何而来。所有的爱意归属，都要以物质归依为标准。只要爱里，衣食无忧，风平浪静，养尊处优，就是爱的上上选。

这样的爱情，轻浮得飘然无依，也必被轻视得卑微无存。

一种爱情，不问其未来的归路，只问其眼见之处甘甜几何。所有的情之相依，都要春风沉醉、月朗风清、岁月静好。只要爱里，没有潮起潮落，没有沧海桑田，没有风雨未央，就是爱最甘美的静谧时光。

这样的爱情，浅薄得只可以在眼前盛放，却没有了死生契阔的铮铮铁骨。

还有一种爱情，不问其爱之何起何去，不问其爱之何金何玉，也不问其爱之何甘何甜。所有的恋之所向，都是无所欲无所求的爱意缱绻，情不知所起，一往而深，情若知其所起，便不是一往而深。哪怕爱的最初，骤雨腥风；哪怕爱的最初，清贫无一物；哪怕爱的最初，前路遥遥无期；哪怕爱里，颠沛流离；哪怕爱里，风雨未央……也要，一生一心，伴你左右。

这样的爱情，可以高贵得掷地有声，亦可以心安理得地昂首而立。

当风雨未央的苦后，迎来了锦绣繁盛的美好时光，曾经所有的陪伴，已然幻化成“配得上拥有最好”的资本，在爱的苦尽甘来后，盛放幸福……

那一年，他和她相爱。

那时，他是个穷小子，家徒四壁。他一直以为，这样的他，没资本爱上谁，也没资本让谁爱上自己。

于是，他决定暂时将爱封存。

可是，爱的出现，是一件措手不及的事情。

她像一个扑扇着洁白翅膀的天使，扑簌簌降落在他最灰暗的人生驿路上，让他幸福得不知所措，又惊慌得不知所以。

幸福，是因为看到她的第一眼，他就爱上了美丽善良的她。惊慌，是因为爱上她时，他为自己的一无所有而自卑无比。

他想把最好的给她，可那时的他，却是那么的无能无力。

他决定，转身离开，不能给她全世界，就给她自由，飞往更高的天空。

他以为，她会欣然而去。可她，紧紧抓着他的手，不肯松开。她说，她要跟他一起走过风雨未央的时光，不问未来的路何去何从，只要此刻相拥，就是幸福。

他热泪盈眶，揽她入怀，在心里发誓，未来，要给她创造最美的生活，要把全世界最好的给她。

他知道，她是个爱美的女人，和所有爱美的女人一样，她喜欢华美的衣服鞋子，喜欢那种漂亮衣服穿在身上，举手投足间衣襟飘飘的韵味。可和他在一起的日子，她把所有爱美的心思，深深掩埋。她总是穿着简单的棉布衣裙，高高地绾着发髻，淡雅地过着最简朴的生活，浅笑盈盈的脸颊上，看不到一丝幽怨。

他知道，她是个喜欢时尚的女人，和所有挥洒个性的女人一样，她喜欢穿着高跟鞋，咯噔咯噔地走过青石板，一回头间，便可以顾盼生辉。可和他在一起的日子，她把高跟鞋，悄悄搁置。她总是穿着平底球鞋，脚步如飞地奔忙在和他一起谋生的路上，那矫捷利落的身手，俨然就是个幸福的女汉子。

他知道，他是个喜欢精致的女人，和所有有小资情结的女人一样，她喜欢打理那一头瀑布一般的长发，修理纤长秀丽的指甲，仰头举手间，可以风姿绰约。可和他在一起的日子，她把柔顺的长发，剪成了齐耳短发。每次在风里雨里穿越时，她的短发都会在风拂过时散落脸上。她总是开心地拨开，露出一对美丽的梨涡。

这些，他都看在眼里，痛在心上。

他在心里发誓，未来，要把最锦绣繁盛的甘甜给她。

只有她，才配得上拥有最好的生活。

他决定带着她，一起去繁华的城市，寻找创业的机会。

初来乍到的城市，繁华似锦，但彼此一无所有的他们，与这里格格不入。那一年的春天，柳絮纷飞，一如他们纷繁复杂的心情。他们在城边上的平房区找了一所简陋无比的房子，住了下来。

他在超市找了一份打杂的工作；她也在超市门口，做起了发传单的工作。只是这份特殊的工作，需要全身穿着厚重的大熊外罩，以可爱的形象向过往的路人，发放传单。

那年的夏天，烈日炎炎，站在热浪袭人的街头，她躲在密不透风的大熊里，任汗水打湿衣衫，依然乐观地做着那个时候，不得已要去做的事情。每天她都感觉自己要坚持不住了，但为了和他一起走过那段最苦的路，她还是咬着牙熬过了一天又一天。

每次超市打烊后，他都会迫不及待地跑去看她。看到她穿着厚重的外罩，摇摇晃晃地在人群里穿梭，都会有泪水打湿眼眶。

那时，他都会跑过去，隔着厚厚的毛，心疼地摸着她的头。那么厚的外罩，却无法隔开他们爱的温度，她能感觉到，他手心里传来的爱的倾诉。彼时，他会和她一起发传单，街头那一对并肩而立的人儿，成了城市里的一道风景线。

她隔着外罩，和他相视而笑。

那一天，她提前发完传单，早早回家，为他做饭，他们已经好久没有好好坐在一起吃饭了。她在厨房忙碌着，浑然不知他已经站在身后，手臂轻轻环绕在她腰际，吻着她的耳根。

忽然，一阵刺痛从他紧贴的后背，向全身蔓延，她不禁哎哟一声。

他的心猛然一惊，问她怎么了，她支吾着说没什么。

他看着她，额头泛起的汗珠，慌忙撩起衣服，只见她的后背，长满了红色的痱子，很多已经化脓，凝成了黄色的痂。

他终于明白，长时间穿着厚重的外罩，站在炎炎烈日下发传单，她被捂出了痱子。因为不想让他担心，所以一直以来，她都没有告诉他。

他盯着那满是痱子的后背，泪水顺着脸颊流了下来。

他情不自已地拥她入怀，摸着她被生活的艰辛、侵蚀到干裂的手，心疼而愧疚。为了陪他度过这段最灰暗的人生，她除了日常必需品，从来不乱花一分钱。每天风里来雨里去的生活，满满当当，他都没时间关心她的身体，为她买一盒痱子粉。

他心如刀割，深深地埋怨着自己，也暗暗地在心里发誓，将来一定要把最好的给她。

第二天一下班，他便跑到超市门口，摘下她全副武装的外壳，把一瓶痱子粉放在她的手心，她低着头看了好久，突然泪流满面。她知道他爱她心疼她，只是，这段艰难的岁月，他们必须咬着牙，扶持着彼此走过。

带着对她的疼惜，他越发卖命地工作，原本聪明好学的他，一年后得到了老板的赏识，提拔他当了超市的部门经理。

一路风雨兼程，上天总不会辜负用情至深的人，更不会辜负勤奋努力的人。渐渐地，他们迎来了柳暗花明的好日子。做了经理的他，开始有了微丰的经济基础。

他为她在城里买下了一套大房子。那一天，带着她去看房子时，他拥着她，站在可以俯瞰整个城市的落地窗前，吻着她的脸，激动地说，他不准她再去发传单，他以后要一点点地，把她为了他而吃过的所有苦，弥补回来，他要把全世界最好的给她。

她热泪盈眶，她知道，她所做的一切，是不求回报的。

两年后，他开了一家自己的超市，彼此经验丰富的他，经营得当，加之聪明机智，生意越做越好。她成了老板娘。他心疼她，不让她跟着忙碌，可她还是闲不下来，总是跟着他，不辞辛劳地打理着生意。

四年后，他已经是十一家大型连锁超市的董事长，生意遍布海内外。

她为他生下了一个胖小子。冬暖夏凉的大别墅里，她俨然已经是一个应有尽有的富家太太。

可是，她最怀念的，还是和他风雨未央里，那些共苦的日子，正是因为有了那时幸福的泪水，才有了现在相濡以沫的陪伴。

他最欣慰的，是那些年，她风里雨里艰难的共苦，终于换来了多年后，他给予她的，锦绣繁盛间的同甘。

在他心里，只有她，配得上他给的繁华。

你若风雨未央里共苦，我必锦绣繁盛间同甘。
爱情里，永远没有唾手可得的繁华相依。
没有共苦，又怎能配得上他的同甘。

人生，
当时只道是寻常、
当时只道是看不见未来。
未来，
太遥远、
太无法预知，
除了时光，
没有人能抵达。

当时只道看不见未来，却在最好的未来里失去你

分手，有千万种理由。

分手摆在眼前，不知该如何用语言来诠释，这早已想离去的心。于是，一句不合适，似乎可以不那么残忍地涵盖全部。

其实，世间很多的分手，都是因为，那些最初苦得发涩的日子里，有些人看不到未来、看不到希望、看不到对方承诺给自己的，美好丰盈的生活，到底在哪里？到底何时出现？今生还有没有机会等到？

所有的疑问，让那些如海市蜃楼般渺茫到遥遥无期的未来，在所有爱的苦日子里，显得那么的漫长而难耐。

于是，有些人，内心深处的物质第一，慢慢透过现实超越浪漫，

取代了不食人间烟火的爱情。心思顾盼间，转身离去，朝着更丰盈的物质爱情飞去。

于是，有些人，爱到情浓时以为没有面包的陪伴一样可以旖旎如诗，可当与沉重的世事如霜狭路相逢时，终还是抵不过尖如锋芒的黯淡时光的磨蚀。眼神游离间，抽身而去，向着可以轻松就能拥有一切的安逸爱情寻去。

于是，有些人，爱在最初的汹涌澎湃时蓄积而生的殷殷期盼，在每一步漫长到需要耐心等待的成长中，在每一个苦涩相伴的寻常日子里，消磨殆尽。太焦急的等待下，以为所有在期许里维系的爱情，已经看不到希望了。情绪黯淡间，仓皇而逃，向着以为可以毫不费力便点燃生活希望的摇曳爱情奔去。

人生，当时只道是寻常、当时只道是看不见未来。

未来，太遥远、太无法预知，除了时光，没有人能抵达。

多年后，那个曾经以为给不了爱情希望的人，却在时光里日渐繁盛，已经有足够的豪气，可以给当年离去的那个人，想要的希望。

只是，那个当年轻视而去的身影，已然配不上他的富可敌国。

爱情来了，挡都挡不住。

她是个浪漫的女孩儿，喜欢在旅行里感受生活。也渴望着能在一个微雨淅沥的雨季穿过小巷时，一抬头，便遇见那个心仪的人，然后爱上彼此。

他也是个浪漫的男孩儿，一直在旅行的路上，寻找自己想要的生活。

爱情的最初，无关未来，无关希望，只是简单的现在，就好。

那一次的旅行，她站在山顶看落日余晖洒满山野，一场雨不期而至，她躲在枝叶稀疏的树影下躲雨。那一刻，心头忽然涌上游者无依的悲凉。

这时，头顶有把伞不知何时悄悄伸了过来。她蓦然回首，他俊朗明媚，站在她身后傻笑，良久不语。

许久后，他说，她潮湿又孤独的背影，忽然就打动了他。

她天涯游子的世界里，心瞬间被温暖点燃。

交谈间得知，他们居然生活在同一个城市，又在同一座城市读书，幸运的是，他们都喜欢旅行，有着极其和谐的三观。

于是，相遇后最开心的事情，莫过于一起坐火车旅行的日子。他们坐在一起，一边看着窗外一闪而过的美景，一边大口咀嚼着他们最爱吃的美食。看着她像一只馋猫一样，迫不及待地剥开包装，嚼出满嘴的香气，他心里就会幸福感爆棚。

那一次，他在无数次试探她的心思后，终于鼓足勇气和她表白。他说，他愿意给她最美好的未来，愿意一辈子陪她去旅行。

她笑靥如花，那时她的眼神里透着纯真无邪。她说，未来太遥远，她只要现在幸福，就好。

她点头同意的那一个瞬间，他觉得天地都在为他的爱情旋转喝彩，他幸福得有些不知所措。

他知道自己现在只是个穷小子，能不能给她丰盈富足、衣食无忧的未来，他真的不知道。但是，她说了，她只要现在的幸福，那么，他就尽力，把当下最好的幸福给她。

于是，和她在一起的每个日子里，他都在学着做一个合格的男朋友。他喜欢在家读书，可她喜欢逛街，那么他就陪她走街串巷，一遍遍地看过她喜欢的衣服，一次次逛过她喜欢的花店，买下她喜欢的东西。

一直以来，他都不喜欢游乐场里声嘶力竭的喧闹，但和她在一起的日子里，他开始试着接受各种刺激惊险的游戏，享受着她玩到高兴时向她投来的灿烂微笑。

讨厌看恐怖片的他，逐渐喜欢上坐在影院里，陪她看一场企盼已久的惊悚片，在虚构到离谱的剧情里，和她一起疯狂。

他以为，在看不到未来的现在里，以这样忘我的方式爱她，就是最好的爱情。

本以为爱情，可以一直这样幸福下去。

可渐渐地，她有些厌倦这一成不变的生活，也开始焦虑“不知未来在哪里”的现实处境。毕竟，生活是真实的，不可能永远活在旅行的路上，他们终究还是要面对物欲横流、柴米油盐的烟火人生。

他看出了她心思的游离，虽然那种感觉那么微妙。可他还是坚持认为，只要她在自己身边，他就心满意足。

那一天，又是一个细雨霏霏的日子，研究生毕业近在眼前。校门口，他看到一辆豪车前，曾经在他面前笑靥如花的她，此刻正依偎在一个男人的怀里，有说有笑。

看到这一幕，他整个人呆若木鸡，无法呼吸，也无法挪动脚步。忽然，她看到了他，慌乱中她推开眼前的男人。

他愤然转身，仓皇而逃，消失在路的尽头……

他们之间的故事，都离不开雨。从认识，到了解，到最后的分手，他们之间关系的每一次变化，雨都会如期而至。

这也许就是命运。

第二天，她找到他，他知道，那是分手前的诀别。那一天，他们谁都没有声嘶力竭，冷静得像是很久以前就知道这一切会发生。爱的最初，只要有爱就可以，爱着爱着，未来就会慢慢浮现。

他说，他原以为只要可以陪着她，一起吃着她爱吃的小吃，去穿山越岭，去看她想看的每一处风景，只要现在在一起的每一天，都是幸福，就够了。

她说，可是，浪漫终究只是生活中很小的一部分，未来是否物质丰盈，才是烟火人生里最重要的另一部分。爱情不是生活的全部，她不愿意毕业后和他在风雨兼程的日子里四处奔波，不愿意贫穷的生活成为未来很长一段时间里无法避免的常态。她想要的衣食无忧、锦衣玉食的未来，她想要的稳定踏实，现在的他，给不了。而这一切，那个开豪车的男人，可以给她。

于是，她决定，去寻找，看得见的未来。

他没有一丝挽留，扬起头，转身离去……

半年后，她嫁入豪门，过上了她想要的锦衣玉食、物质丰盈的生活。本以为，这就是最好的未来……可是，一入豪门深似海，豪门有豪门的森严和无奈。三年后，从小养尊处优而性格乖张的丈夫，在对她施加了两年多的家暴后，他们的婚姻宣告结束。

千疮百孔的她，又回到了一个人的世界……

而她当年因为轻视而无情的离去，给了他莫大的打击，也给了他莫大的动力。彼时，奋发努力的他，已经是某大型文化公司的总裁，坐拥上亿资产，项目遍布海内外。

那一天，窗外的雨拍打着窗棂，她像个孤独的幽魂一般，坐在咖啡馆里，想着这一路走来，颠沛起伏的心酸。

抬头，忽然，看到他出现在视线里。一如当年，他们在雨里相遇的样子，只是此刻的他西装革履，笑着拍打着身上的雨水。身边一个美丽的女人，衣着高贵时尚，一副名媛气质。女人一边撸着头发上的雨水，一边微笑着看他，那眼神，满是爱意盈盈，像极了当年的自己……

他也深情地看着女人，体贴地说，老婆，累不累……

他回头，与她四目相对。一瞬间，时间仿佛凝固；一刹那，语言亦变得苍白。

这些年，他一直是商界的风云人物，她经常在网络上看到他。

此刻再见他，忆起过往，恍如隔世……

曾经，她只道看不见未来。

如今，她却在他已经拥有的最好未来里，失去了他……

爱情，总在当时和未来里，游弋徘徊。

当时，所有的爱意悱恻，在最初里，以为当下的岁月如歌，就可以是一辈子的现世安稳。可爱情走着走着，还是被现实挟裹着，走向了烟火人生。

于是，在现实里的烟火人生里，呐喊着看不到未来而选择离开的那个人，以为转身后，便前路繁花似锦。

可回头间，事与愿违，世事苍凉，斩断了夙愿锦绣、浮生如梦。

而当年那个被决绝背叛的人，已然有了更好的人生。

只是，那个人更好的人生里，已经没有你存在的资格……

爱情，
在流年擦过现实的时光里，
被日复一日的琐碎，
磨出火花。
那火花，
不是爱最初的花火，
是每一天在烟火气的人生里，
彼此摩擦着，
穿越在爱情时空里的两个人。
任沧海桑田、时光荏苒、岁月变迁。
最后却依然，
不负时光不负卿。

遇见时不负遇见，才配得上你一生繁华相依

遇见时，众里寻她千百度，蓦然回首，那人却在灯火阑珊处。一眼望去，便以为是一生；便以为会和你相爱一生，一生还是太短。

一眼和一生，却相隔着几个世纪。

一眼和一生，却相隔着数不清的风雨人生。

遇见时，那一眼，是蒹葭苍苍，白露为霜，爱情美得不谙世事、不食烟火。所谓伊人，罩着轻纱，隔开柴米油盐，隔开繁杂世事，眼里心里，尽是不被俗世烟尘沾染的圣洁。

那一眼，是隔岸观爱时，在水一方的初见里，宛在水中央的悠悠我心。那时的爱，在欣赏里心神摇曳，却与朝夕相伴的寻常日子里的寻常陪伴，相去甚远。

而寻常日子里的寻常陪伴，才是爱情的常态。

爱，不是绝尘去俗，不是清风明月，是深不见底的世事无常。

爱，从在水一方的诗意翩跹里，降落人间，脚下是此起彼伏的世事礁石，清晰可触地横在爱情的世界里。

爱忽然在行走间，开始摇摇晃晃，仿佛稍有不慎，牵着手的彼此，就会摔倒。

于是，爱的世界里，时而风平浪静，时而烽烟四起。

不知不觉间，伊人变妇人，此君变彼人；不知不觉间，爱里有了烟火气和铜臭味，爱里有了孰是孰非；不知不觉间，要得多了有人倦了；磨得久了有人烦了；爱得伤了有人走了……

唯有，在每一个琐碎纷沓而至的平淡年日里，任岁月沧海桑田，依然悉心伴君左右，才是遇见时的不负遇见，才是一眼后的漫长一生。

唯有，那个遇见时不负遇见的人，才能在遇见磨砺后的爱情世界里，与之一生繁华相依……

从相爱到分手，时间在流动的进程里，验证了真爱的持久度。

天下所有的爱情，都是这样。她起初的爱情，也是如此。

她是一个喜欢桃花的女子。那一年，她独自去郊外，看漫山遍野盛开的桃花。她穿着淡紫色的裙子，风吹过时，衣襟飘飞，长发轻舞。

她从花间过，吸引了他的目光。

这样一个女子，注定会点燃男人心间的爱意。他看向她，天边的蓝很干净，像海洋，脚下是绵延不绝的花海，她伫立在天地间，美得像是在水一方的伊人，宛如在他的心里……

那时，爱意阑珊，他以为，这一眼，就是一生。

于是，他们的爱情，开始在烟火人生里上演。

结婚时，一向低调的她，不想太奢华，再加上知道他不喜欢热闹，于是只宴请了双方的家人。在亲人们的见证下，他握着她的手，发誓一辈子，只对她一个人好。此生绝不负她。她幸福得热泪盈眶。

婚后，他公司的业务越做越大，很多项目已经拓展到海外。男人成功后，各种应酬便接踵而来，后来他经常出差，有时会好几天都不见踪影。

烟火日子里的他们，从水中央，走到现实。他们不再是谁的伊人，世事纷扰，为他们眼里的彼此镀上了一层世俗的色彩。

她开始抱怨他太忙，他开始抱怨她太作……

渐渐地，关于他的传闻越来越多，但是她忘不了婚礼上，他给她的誓言，所以尽管感受到了他的疏离，但是却不曾怀疑他的忠贞。

直到有一天，她无意中在他的电脑里，看到他和一个女人亲密的照片。那一刻，她知道他的誓言，已经在现实中原地爆炸。

她平静地提出了离婚，三年的爱情，一纸离婚协议就结束了所有。心很凉，泪很冰，每一滴泪，似乎都能穿透肌肤，直接刺痛心灵。

她走时，他没有挽留。她知道，他辜负了曾经的遇见，尽管痛彻心扉，她也没有必要死缠烂打。

五年，整整五年，回忆曾经，一切如昨。

她一个人过了五年。身边的亲人朋友都劝她另觅佳偶，但她害怕，害怕下一次的爱，依然是悲剧收场。

也许缘分就是这样出人意料。爱情来了，挡都挡不住。他的意外出现，让她的生活如暗夜里照进来一缕曙光，忽然在多年后，炫亮了她的生活。

那是一次徒步旅行，暮色渐近时，她与队友失去联系，加之手机没电，她手足无措间恐慌不已。当她瞪着无助的双眼坐在路旁的石头上发呆时，一辆红色越野车忽然停在身边。

她带着恐惧的眼神，看着一个身材挺拔的男子，从车上下来，古铜色的脸英气十足，声音好听得仿佛暗夜里飘来的一缕清风。她想，这样彬彬有礼的男人，一定不是坏人。

坐在驶往市区的车里，她看着他英俊的侧脸，紧抱着双肩，戒备十足。他看着她紧张的样子，忽然开怀大笑，露出满嘴洁白的牙齿。她知道，她因为害怕而贼眉鼠眼的样子，一定很好笑……

那次之后，他们成了朋友。

对于心已死的她来说，本以为只是朋友，所以当他借故打电话约她出去吃饭，或者去郊区徒步游玩时，她也总是心无芥蒂地同意了。

但当她发现，他眼神里挡不住的爱意流淌时，她害怕了。爱情曾经的伤，让她草木皆兵，稍一触碰，就会惊慌不已。

她的躲闪，让他痛苦不已。他知道她的过去，了解她的忐忑。所以，他愿意等……

这一等，就是三年多。

那一天，她又接到了他的电话，电话里，他的声音几近哀求，他说他想带她去一个地方，这是他最后一次找她，如果她不答应，从此他便不再出现。

原本想找借口推辞的她，忽然有些害怕。这些年来，他执着的爱，其实已经深入她的心，原来她早已爱上了他，只是曾经爱的伤口，还在隐隐作疼。所以，当他说不再出现的时候，她忽然发现自己是多么害怕失去他。

她答应了他的请求。

他驱车带她来到离市区很远的一处郊外，那里有一大片桃花盛开的山坡。

她站在原地，忽然就想起了曾经的过往，那些点滴片段如时光底片在眼前不断翻拍。曾经的那个人那段情，忽然清晰地跳跃眼前，她忽然发现，她已经不再逃避，不再隐藏，不再绝口不提。再想起曾经时，心头再也没有了疼痛，那只是一段已经过去的过去，那已经是一段似乎和自己不再密切相关的故事，在时光的尽头，消散殆尽……

而眼前的这个男人，才是她最爱的人。

她看着那些桃花，跟着风的脚步，舒展着每一片花瓣，迎接着崭新的朝阳。她忽然明白了他的深意、他的用心良苦。

嫁给我吧，他突然单膝跪在她面前，像变魔法一样从背后拿出一枚钻戒。没有任何遥不可及的承诺，他承诺给她的，是婚姻。

他们的婚礼很盛大，他们结婚的消息，几乎轰动了整个城。

结婚三年后，原本聪颖能干的他，成了一家上市公司的总裁，身家上亿。可是他却从未以应酬为借口疏忽她，哪怕有再重要的会议，他都会回到家，和她一起吃晚饭，给她讲发生在身边的有趣的事情。

某天，她意外在一张报纸上看到一个故事，讲述了事业有成的男人等一个女人整整三年，最终执子之手。故事的题目是：遇见时不负遇见，才配得上你一生繁华相依。

她知道，那个女人就是自己，她的眼眶有泪光闪烁……

火上正煮着桃花茶，香远益清，窗外的风轻轻吹动树影。手机振动了一下，她看到他的信息：亲爱的，今晚我们吃什么。

幸福，在她微笑的嘴角，蔓延……

遇见时，他们，正青春。

时光美好得，如脸上的胶原蛋白，能滴出水来。

于是，她是白月光，是水中伊人，是凌波仙子；于是，他是杨柳岸，是青青子衿，是一米阳光……

所有的遇见时，爱情美好得不知流年沧桑，不知人间零落，不知烟火味，会呛到鼻酸。

现实里，他们，正前行。

爱情，在流年擦过现实的时光里，被日复一日的琐碎，磨出火花。那火花，不是爱最初的花火，是每一天在烟火气的人生里，彼此摩擦着，穿越在爱情时空里的两个人。

任沧海桑田、时光荏苒、岁月变迁。最后却依然，不负时光不负卿。

那更是不负遇见的亮烈，在爱千回百转的每一个日出日落里，凝成永恒，凝成一生的繁华相依……

全文完

赵丽荣

2018 年 5 月 16 日